PREVIDÊNCIA PRÓPRIA
O MATUTO QUE APOSENTOU A SI MESMO EM OITO ANOS POUPANDO

Fabricio Bruno

2017

Previdência própria

Todos os direitos reservados ao autor Fabricio Bruno

Revisão   Pedro Henrique Dias

Diagramação e Projeto gráfico   Fabricio Bruno

Capa   Fabricio Bruno

CATALOGAÇÃO NA PUBLICAÇÃO (CIP)
FICHA CATALOGRÁFICA FEITA PELO AUTOR

B898p Bruno, Fabricio, 1988-
      Previdência Própria: o Matuto que aposentou a si mesmo em oito anos poupando / Fabricio Bruno. - Patos de Minas: 2017.
      129 p. ; 21 cm.

      ISBN 9781520949734

      1. Administração. 2. Investimento. 3. Independência financeira. I. Título.

CDD: 650
CDU:336

Sumário

Aos meus pais, que desde criança me ensinaram a enfrentar o serviço pesado, que além de única opção de renda em nossa comunidade, era o único meio conhecido por eles que me levaria ao sucesso. Trabalho que, aliado aos estudos, não foi capaz de me trazer independência e felicidade constante, mas foi primordial para minhas tomadas de decisões. À minha esposa, que foi meu principal estímulo para iniciar a independência do trabalho assalariado, do qual tiramos nosso sustento, mas tanto nos priva da liberdade. Foi por vocês que me tornei um investidor e tive a oportunidade de escrever esta obra.

Introdução

Seja qual for a sua idade e a fase financeira em que esteja é primordial lembrarmos que ninguém se torna rico estudando e trabalhando, a não ser que saiba comprar as coisas certas. Economizar aquilo que ganhamos com sacrifício também não é suficiente para mudarmos de classe social. Mas investir bem as economias resultantes de muito trabalho é o principal segredo das pessoas que nada tinham e adquiriram fortunas (sem loteria, herança ou golpe do baú).

Talvez você seja jovem, tenha uma família humilde, esteja cursando uma boa faculdade e acha que isso lhe fará ter muito dinheiro. Pode ser que ainda esteja naquela fase de não saber qual formação e qual carreira escolher. Constantemente passa em sua cabeça que a melhor opção seria um concurso público? Espero que, pelo menos, você esteja disposto a enfrentar o competitivo "mercado" dos concursos, em que suas chances de sucesso são uma entre cinco mil ou mais candidatos. Mas ainda assim lhe adianto, sem educação financeira nem sendo juiz de direito você terá tranquilidade com os valores mensais que recebe.

Talvez você já se formou, trabalha para enriquecer seu patrão, e também pensava que ter um bom emprego lhe proporcionaria ter poder de compra para financiar os seus sonhos? Acreditava que trabalhando e financiando seria capaz de ter uma bela casa, um bom carro, talvez motos de luxo, ou quem sabe um jet-ski amarrado em sua caminhonete? O matuto deste livro também acreditava em tudo isso, mas irá lhe provar o contrário.

Quem sabe você já tenha até dado um passo a mais, e já descobriu que uma bela casa não é tão interessante quando você passa doze horas por dia em seu emprego, precisa dormir oito horas para se recuperar e as outras quatro provavelmente nem serão suficientes para organizar outras pendências. O pior de tudo, é que na maioria das vezes, o tão sonhado emprego fixo, que você tanto lutou, é o que tira sua paz e mesmo se houvesse tempo para você dormir não conseguiria. No momento dessa descoberta você terá dado o primeiro passo para ser um investidor e logo ser independente.

Desde a infância, observamos que são raros os relatos de que alguns conhecidos nossos enriqueceram e formaram grandes patrimônios (honestamente). Por conhecermos poucas pessoas assim, nunca temos a oportunidade de saber delas quais são as estratégias a serem tomadas para alcançar a glória financeira. Mas isso acaba aqui, nessa leitura você terá a oportunidade de aprender quais são as atitudes que podem levar à riqueza, e verá que esses passos são aplicáveis a todos, independentemente da condição que se encontram.

O mundo está repleto de pessoas que não tem controle de seus gastos, e a maioria delas não ganha tão pouco, o problema é que pagam juros até para adquirir seus bens mais simples, e raramente conseguem manter suas próprias despesas mensais em dia. Por outro lado, temos inúmeros exemplos de pessoas que deixam de possuir coisas essenciais para juntar dinheiro, mas não sabem como investi-lo, não conseguem melhorar sua vida financeira, nem ter prazer com as coisas boas que o dinheiro proporciona.

O mais triste em nossa realidade como trabalhadores é ver as leis previdenciárias do Brasil tentando ser alteradas o tempo todo, desestimulando o trabalhador. Nesse país os estudos não têm incentivo do governo, o trabalho também não, mas presidiários têm todo incentivo para permanecerem presos, já que suas famílias recebem mais de um salário enquanto eles permanecem fechados.

Uma demonstração clara de que o Brasil não precisa de reforma na previdência pode ser feita por meio de um cálculo simples: muitos não sabem, mas qualquer investimento que o governo queira aplicar a arrecadação dos nossos impostos descontados em folha rendem, no mínimo, 0,87% ao mês.

Pois bem, achei um contracheque de uma vendedora e em cada 1500 reais que ela recebe, paga cerca de 112 reais para o governo. Esses 112 reais aplicados mensalmente, em um investimento com taxa 0,87% a.m. por um período de 37 anos, que são necessários para ela se aposentar na lei atual, renderão 594.978,70 reais, o que seria suficiente para o governo pagar a ela uma aposentadoria de cerca de cinco mil reais todo mês, apenas com a continuidade dos juros recebidos por esse valor recolhido. Para que ela pudesse se aposentar investindo por conta própria, com os mesmos 1.500 reais, seriam necessários aplicar apenas 68 reais por mês no mesmo investimento.

Aí eu pergunto, existe necessidade de sacrificar o povo brasileiro, ou seria melhor inserir um administrador no governo que não desvie o dinheiro que pagamos mensalmente para outras finalidades?

Este é um livro para você que se encaixa em qualquer um desses níveis: jovem estudioso ainda sem rumo, bacharel iniciante no mercado de trabalho ou funcionário bem-sucedido e frustrado com a dependência de seu emprego. Seja qual for o seu caso, tenha a disciplina de ler todos os capítulos, assim terá todos os motivos para aplicar os conhecimentos aqui repassados e livrar-se do atual momento brasileiro, em que sugerem que você trabalhe até cair os dentes, para depois se aposentar, quando não há mais saúde para viver.

Primeiramente, as pessoas podem até dizer que amam certa profissão, como o próprio Matuto amava sua área de atuação como servidor público. Porém, convenhamos, tudo que se faz demais, até alimentar-se da sua comida preferida o tempo todo, se torna monótono e talvez insuportável. Se as pessoas trabalhassem a vida toda por amor, não haveria estresse. É na hora que o cansaço da repetição toma conta da sua vida profissional e surgem problemas, que você se desespera ao perceber que sua família não viverá sem aquele dinheiro e que você está escravizado até a sua aposentadoria.

Muitas pessoas adoecem nesse momento em suas vidas, percebem que precisam de descanso de certas atividades, pois não merecem passar pelos problemas que o emprego lhes sujeita, mas suas despesas acompanharam o aumento de seus salários durante suas carreiras e assim a dependência do trabalho é cada vez maior. O fato das finanças pessoais não estarem equilibradas contribuem ainda mais para que os problemas no trabalho aumentem. Assim cria-se um círculo vicioso, onde o trabalho atrapalha a vida pessoal e a má gestão financeira atrapalha o trabalho.

Nesses momentos, vem em sua mente o questionamento do porquê ter pagado cerca de 100 mil reais em um carro que você só usa meia hora por dia, enquanto não se tem um meio de renda que lhe traga mais conforto e livre-o um pouco da necessidade de trabalhar tanto, já que em seu emprego você necessita passar 12 horas, e não meia hora como em um carro. Não seria melhor ter um carro de 25 mil, que atende totalmente sua necessidade e utilizar os outros 75 mil para obter renda sem trabalhar e aos poucos ir se livrando de seu velho e cansativo emprego?

Pense como rico desde cedo e verá que a vida só é difícil porque buscamos o conhecimento errado no decorrer dela. Após esta leitura você será capaz de entender que se tivesse sido educado financeiramente de modo correto, teria aproveitado da mesma forma sua juventude, porém teria se tornado rico no máximo aos 30 anos. Por isso este livro também tem como público o próprio aposentado, que deseja aumentar seus recebimentos mensais ou que tenha filhos ou netos merecedores de bons conselhos.

Com inteligência e determinação, qualquer um será capaz de filtrar os meios mais vantajosos de multiplicar seu patrimônio em poucos anos, começando até mesmo do zero. Você é apenas um, mas sua mente pode trabalhar por milhares de pessoas, utilizando os investimentos certos.

Ainda que você não se encaixe em nenhum desses perfis descritos, é importante considerar que, ou você vive devendo empréstimos e juros; ou gasta tudo o que ganha, mesmo que não deva; ou já é um poupador; ou além de poupar já se aperfeiçoou e se tornou investidor. Para todas essas probabilidades, te aconselho a mergulhar nesta leitura, pois poderá tirar bastante proveito dela, bem mais do que ficar lendo sobre futebol, moda, ou qualquer outra coisa boa da vida, que por mais prazerosa que seja, não lhe agrega valor.

Para que ao fim do livro você possa perceber com clareza que todos podemos ser independentes financeiramente, seja qual for o ponto de partida e a realidade que nos encontramos, vamos descrever desde o início a vida financeira de um brasileiro que nada tinha. Leia com paciência, até chegue no momento em que esteja a realidade de sua própria vida financeira, isso fará você refletir sobre erros que também cometeu com o dinheiro e quais serão suas atitudes para o presente e futuro afim de tornar-se independente do trabalho.

Capítulo 1 - Primeiras conquistas ou primeiros erros?

Antes de começarmos, vale ressaltar que esta é uma história baseada em acontecimentos reais. Por este motivo, os fatos que forem descritos serão considerados como certos ou errados, intrinsecamente na vida do personagem, por experiência própria na vida deste, não significando uma ciência comprovada, já que se tratam de análises subjetivas, ficando a critério do leitor atribuir ao seu conhecimento aquilo que achar proveitoso, bem como aquilo que apontar como exemplos de erros a não serem seguidos.

Neste capítulo será possível analisar as decisões e ações do rapaz conhecido por Matuto, até os seus 17 anos, durante uma difícil trajetória em sua vida até que este saísse da roça, onde vivia com os pais, para tentar a vida na cidade mais próxima.

Tudo começou quando o pequeno Matuto (como foi apelidado em seu segundo curso superior) veio ao mundo, ocasião em que seus pais se mudaram de um barraco de lona, fixado embaixo de um pé de manga, para uma casa simples (que nem tinha banheiro), construída no sítio pertencente ao bisavô do recém-nascido.

Os pais de Matuto, trabalhavam na colheita de café dos fazendeiros da região, obtendo pagamento a cada saco (60kg) de café colhido. Após muitas unhas feridas nas varetas dos cafezais, em seis anos, o casal conseguiu comprar o terreno do bisavô, onde haviam construído a casa. Nessa época, Matuto estudava na escola de sua comunidade, e ao chegar em casa, buscava a irmã de 2 anos na residência de sua avó, cuidava desta e alimentava os porcos e galinhas até que a mãe e o pai voltassem da lavoura.

Aos oito anos, o menino percebia que o pai não possuía renda com porcos, galinhas, vacas ou plantações, o que impossibilitava que o genitor tivesse condições de lhe remunerar por tais serviços. Continuou ajudando os pais, porém, preferiu ocupar o tempo que tinha, após o término de suas aulas (meio dia), prestando serviços ao avô, que possuía um pouco de renda extraída do sítio onde residia.

Matuto começou a cortar cana para o gado, bater pastos e até furou uma fossa (buraco com 4 metros de profundidade para ser depositado esgoto do banheiro), naquela época era possível ganhar dois reais do avô, por uma tarde de trabalho, o que hoje parece ser nada, mas naquele tempo era um bom dinheiro para uma criança de oito anos.

Matuto sempre ouvia a mãe dizer: "guarde o seu dinheiro para comprar sua bicicleta, não gaste com bobagens, seu pai e eu não temos condições de comprar uma para você". Assim, o menino aprendeu a poupar os primeiros centavos, e foi tomando gosto por essas coisas. Ganhou a primeira bicicleta, mas comprou uma segunda, um pouco melhor.

Aos 10 anos, percebeu que as colheitas de café rendiam mais dinheiro, já que receber por produtividade era melhor do que receber um valor fixo por uma tarde de trabalho. Mudou-se para a casa do outro avô, que ficava perto de um cafezal, e durante quatro meses colhendo café à tarde, conseguiu ganhar mais de 400 reais (se o mês tivesse 20 dias úteis ganharia apenas 160 reais nos mesmos quatro meses trabalhando por salário fixo).

Ali estava o problema, como o Matuto trabalhou pela primeira vez pensando exclusivamente em comprar uma bicicleta, colheu café por todo aquele tempo, pensando exclusivamente em nunca mais ter que ir à escola vestindo bermuda e botina, por isso, foi até a cidade e comprou quatro calças jeans de marca, por mais de 100 reais cada uma.

Durante muitos anos o matuto ainda se sentia como herói, por saber que desde pequeno, trabalhou duro para comprar seus bens, mas futuramente, iria descobrir que ali estava uma armadilha, pois havia tomado gosto por elevar suas despesas, toda vez que conseguia um dinheiro a mais. Era o início da lei do consumismo, e seus pais se orgulhavam do pequeno, achando que ele estava no caminho certo, por ser trabalhador e honesto.

Trabalhando arduamente, já aos 14 anos, Matuto se tornara adolescente, e começava a frequentar os eventos sociais dos vilarejos aos arredores do sítio dos pais. Daí surgiu a ideia de que precisava de uma motocicleta para se locomover em seus passeios aos finais de semana. Matuto descobriu um cafezal onde pagavam bem pela saca colhida, além disso a lavoura estava carregada de grãos de café, o que facilitava o aumento da colheita. Mesmo tal cafezal ficando a cerca de 12 km da residência de Matuto, ele não mediu esforços, chegava da escola, pegava a bicicleta e ia para a lavoura, retornando apenas quando a noite caía e ele era impedido de enxergar os grãos de café.

Em três meses o garoto esforçado ganhou 1500 reais, colhera mais café em uma tarde do que o casal na beca ao lado colhera em um dia. Deslocou até a cidade e adquiriu sua primeira moto. Por sorte, não teve problemas com a justiça dirigindo naquela idade. Os pais, mesmo com medo das possíveis tragédias que poderiam ocorrer, confiaram no filho, pois sabiam de seu compromisso e responsabilidade. Resolveram, inclusive, presentear Matuto com uma bezerra, com o fim de motivá-lo há um dia, quando já fosse habilitado, adquirir uma moto mais nova do que aquela.

Como sempre, o jovem foi além, ao ver que a bezerra se tornou vaca e pariu no próximo ano, comprou mais seis bezerras pequenas, utilizando o salário das colheitas de café, e das cisternas que havia furado junto com o pai. Aos 16 anos, possuía 11 cabeças de gado, comprou uma moto nova, com mais cilindradas do que qualquer outra pessoa em sua comunidade possuísse. E, mais uma vez, não separou nem um centavo para seu futuro.

Você pode se perguntar: mas um garoto de 16 anos, ter uma moto no valor de nove mil reais (o que era uma grande quantia na época) já não seria um grande passo? Sim, se esses nove mil pudessem ser vendidos depois pelo mesmo valor, de preferência com a correção inflacionária, ou se onze bezerras não pudessem triplicar seu capital em apenas três anos. Mas não foi o que ocorreu, e você verá no próximo capítulo o quanto Matuto perdeu com esse negócio. Mas antes faremos uma análise dos erros cometidos, erros que o Matuto não cometeria hoje.

Análise

Não era preciso continuar usando bermuda e botina, mas se o Matuto tivesse comprado três calças e poupado pelo menos 100 reais, hoje esse dinheiro poderia ter se tornado uns 30 mil, ou 200 vezes mais, dependendo do investimento feito. Além disso, teria começado ali sua conquista para ter chegado à independência financeira bem mais cedo.

Não havia necessidade de comprar uma moto "zera" aos 16 anos, já que, além do adolescente não estar dirigindo em acordo com a lei, ele não precisava de uma moto melhor do que a primeira e seu investimento em gado foi totalmente interrompido, não sobrando nenhuma bezerra, após a troca das motos. No fim do livro, você verá que essa atitude terá um peso enorme na vida do rapaz.

Antes que você faça julgamentos sobre esta análise, vou ressaltar a diferença entre comprar ativos e passivos. Ativos, são bens que conservam seu patrimônio e geram acréscimos a ele, ou seja, gado. Você compra o gado, vende o leite, produz novos bezerros e tudo isso lhe agrega valor. Já os passivos, são bens que se depreciam com o tempo e, além disso, só lhe geram despesas no decorrer do tempo, ou seja, motocicletas. Você compra a moto, ela perde valor, gasta combustível, manutenção, impostos e outras obrigações.

Você deve estar achando que a lição desse livro é lhe tornar "pão duro", mas verá que não, esse foi apenas um dos capítulos que te levarão a tomar decisões financeiras inteligentes, tornando-o cada vez mais rico, com a mesma qualidade de vida que você teria se gastasse todo o seu dinheiro, como fez o Matuto, quando teve a ilusão de que estava aproveitando ao máximo os suados valores que havia conquistado até os seus 16 anos.

Capítulo 2 - A fase mais difícil, descobrir seu destino

Matuto havia encontrado um emprego, com carteira assinada, em uma obra que ocorrera na Escola de sua comunidade. Mesmo com 16 anos, havia surpreendido o dono da construtora com sua capacidade de triturar o piso de uma quadra de esportes usando uma marreta. A obra durou apenas dois meses e foi o último serviço de Matuto na zona rural.

Na conclusão do ensino médio, Matuto mal esperou chegar da formatura, arrumou as malas e pegou o primeiro ônibus para a cidade mais próxima. Estava convencido que os serviços pesados, apesar de lhe trazerem bons retornos, em longo prazo seria um desastre à sua saúde, além de não lhe garantir tamanhos retornos na medida em que sua idade e suas limitações físicas fossem chegando. Após a estratégia de comprar bezerras, essa foi a segunda vez que o jovem havia pensado em longo prazo, e ao longo dessa história, será claramente demonstrado, que são essas decisões que fazem toda a diferença no futuro financeiro.

Tamanha foi a inteligência de Matuto, também seriam as dificuldades a serem enfrentadas dali em diante. Não havia mais um prato de comida preparado pela mãe ao chegar do árduo trabalho, ou melhor, sequer havia um trabalho naquele momento. Nosso personagem real foi morar com os tios, que sabiam da determinação dele, da vontade de seus pais em vê-lo formado e resolveram ajudar como podiam.

Acostumado com sua moto na zona rural, Matuto, com 17 anos, não podia dirigir na cidade e já não tinha mais a bicicleta. Pegou a bicicleta do tio emprestada, um modelo uns 15 anos mais velha, que causava riso dos amigos quando o viam pedalando aquela relíquia, mas isso não era empecilho para ele. Nas duas primeiras semanas, pediu a um primo que digitasse alguns currículos e rodou toda a cidade distribuindo-os. Já se passara um mês, e nem mesmo para uma entrevista de emprego havia sido convidado.

Outro tio estava iniciando a construção de uma nova garagem em sua casa, e convidou Matuto para trabalhar como ajudante do pedreiro. Foi um alívio, mesmo com o duro trabalho, apenas momentâneo, Matuto renovou suas esperanças. Duas semanas depois, a obra havia acabado, mas daquele pedreiro surgiu outro serviço na casa de um vizinho, durando mais 15 dias. Ainda conseguiu capinar alguns lotes vagos, por indicação do pedreiro, mas depois disso, a escassez de emprego voltou à tona.

Mais qualificado como ajudante de obras, Matuto notou que ocorria a construção de uma grande piscina, em um clube do bairro onde morava. Não hesitou em pedir emprego ao encarregado da obra, que também não negou emprego ao jovem que possuía potencial para a função e boa intenção com a destinação daquela renda para financiar o curso superior de Administração, que Matuto havia começado há três meses e já estava com uma parcela atrasada.

Durante um mês fazendo massa de concreto para a piscina, enquanto os pedreiros nivelavam a massa no solo, Matuto carregava as pedras que seriam dispostas nas bordas. Enquanto isso surgiram cerca de oito entrevistas, duas delas em grandes empresas, porém nenhuma das oito vagas serviam para um jovem de 17 anos. Era só mais um impacto da legislação brasileira na vida daquele rapaz. Até que surgiu um conhecido de seus pais e contratou Matuto para uma vaga de atendente em uma farmácia.

O trabalho era considerado um estágio, de apenas 6 horas por dia, pelo qual foi firmado um contrato com a Universidade. Na cláusula referente à remuneração, estava especificada a quantia de 380 reais por mês, o que era suficiente para pagar os 378 reais de mensalidade do curso de Administração e ainda sobravam dois reais para o Matuto sobreviver. Por esse motivo, seus pais precisavam cuidar das demais despesas do estudante.

Para piorar um pouco a situação, Matuto estava a uns seis meses trabalhando na farmácia, e já estava prestes a completar 18 anos para tirar a carteira de habilitação pra dirigir, porém, cansando de ir e vir na velha bicicleta, considerando que a moradia, a farmácia e a Universidade ficavam em lados opostos da cidade, resolveu ir trabalhar na motocicleta. Ao sair do serviço, mal havia arrancado com a moto, avistou uma viatura, assustou-se e resolver correr para não receber ordem para encostar. Sem experiência com o trânsito urbano, chocou-se em um poste, destruiu boa parte do veículo e ainda recebeu uma multa.

Começava ali um dos primeiros sinais de que o futuro é apenas consequência das decisões passadas. Matuto precisou fazer alguns bicos e até hoje não sabe como, mas conseguiu 1900 reais para cobrir seus prejuízos. Alguns meses depois, seus pais lhe ajudaram a pagar a CNH, categoria AB.

Nessa fase, os deslocamentos ficaram mais fáceis, porém, como 99% dos brasileiros, após serem quitadas certas despesas, Matuto viu a hora de realizar outro sonho, vendeu a moto, comprou um carro no mesmo valor... e continuou andando na bicicleta... já que agora não podia custear as altas despesas com gasolina. Se não bastasse, o carro fundiu o motor três meses após a compra. A retífica custou dois mil reais, mas logo que foi paga, surgiram mais uns 1500 reais de despesas com pneus e manutenções. Naquele momento, Matuto aprendeu uma importante lição: não compraria mais veículos com mais de cinco anos de uso, ou seja, acreditou que depois de uns 10 anos conseguiria trocar o carro velho em um 0 km talvez.

No próximo capítulo, você descobrirá que essa previsão de ter um carro 0 km só após 10 anos foi muito pessimista, mas para isso, foi preciso que Matuto melhorasse de emprego. Pois bem, o dono da construtora que trabalhou na zona rural, precisou de um estagiário em seu escritório, buscou alguns currículos na Universidade e... ali estava a foto do Matuto em um deles, que de imediato foi reconhecido pelo ex-patrão.

O engenheiro administrador, bem que poderia ter escolhido uma estagiária com boa aparência para a vaga, porém, ao lembrar-se daquele garoto de 16 anos, quebrando o piso de uma quadra de esportes com uma marreta pesada, ficou feliz em ver que o jovem seguia no caminho dos estudos e resolveu chama-lo para uma entrevista. Perguntou a Matuto sobre o seu emprego na farmácia, disse que não poderia pagar mais de 400 reais pelo estágio de 6 horas e que entenderia se o entrevistado preferisse permanecer vendendo medicamentos.

Naquele instante Matuto tinha a opção de largar o certo pelo duvidoso, mas foi inteligente e novamente pensou em longo prazo. Aceitou o emprego, pois sabia que ali teria maiores chances de aprender como ser um administrador de empresa em um sentido mais amplo.

Matuto comprou uma bicicleta nova com a diferença de salário que recebeu ao trocar de emprego, era bem mais moderna, porém foi furtada por um ladrão, na porta do escritório, onde Matuto deixou-a até que deixasse sua marmita na cozinha em uma manhã ao chegar à sede da empresa. Ficou decepcionado, mas por meio disso descobriu que seu patrão se tratava de uma ótima pessoa, já que este, comovido com a situação, tirou a bicicleta de seu próprio filho e emprestou a Matuto para que este pudesse ir trabalhar.

Dali em diante a confiança de um ao outro crescia cada vez mais. Matuto desempenhava bem diversas funções. Passou a trabalhar 8 horas por dia e a receber 600 reais por mês. Também começou a ganhar um desconto de 50% nas mensalidades de seu curso superior. Empregado e patrão chegaram a sonhar mais alto, que Matuto pudesse se formar em Administração, talvez cursar Engenharia Civil e chegar a um alto nível na empresa. Todos os dias Matuto focava nisso, até que apareceu um concurso público e, dominado pela proposta de lucro a curto prazo, ele resolveu lutar por uma vaga.

Era o começo de mais uma fase financeira, que você verá no próximo capítulo. Antes disso, passemos a análise das decisões de Matuto, da sua mudança para a cidade, até a sua primeira visão sobre a carreira profissional.

Análise

Nota-se que, financeiramente falando, o patrimônio de Matuto nada cresceu nesses dois anos. Mesmo que tenha surgido a despesa com a faculdade e esta esteja com as mensalidades em dia, Matuto não aumentou em nada os 9 mil reais que possuía da moto, apenas trocou-a em um carro, que nesta data vale uns 7 mil apenas.

Devemos lembrar que riqueza é medida por patrimônio líquido e não por renda mensal que a pessoa recebe. Se não fosse assim, uma microempresa que teve 10 mil de lucro esse mês, seria mais rica do que a

Petrobrás que vem acumulando prejuízos há alguns meses.

É preciso contabilizar ainda, que, apenas com renda de trabalhos extras e ajuda dos pais, Matuto levantou uma quantia de 7400 reais. Dessa quantia, investiu apenas dois mil em sua CNH, teve um custo de 1900 com despesas da moto, 3500 com o carro, mais uma bicicleta de 150 reais que foi furtada, totalizando 5550 de prejuízos, que na verdade, poderiam ter sido conseguidos da mesma forma, aplicados em algum investimento, e terem se tornado cerca de 60 mil hoje, ou centenas de vezes mais, dependendo da aplicação.

Aí vem a pergunta: Mas, para isso, Matuto não teria comprado seu carro, não teria consertado sua moto, estou certo?

Errado, Matuto poderia ter vendido a moto antes de cometer a besteira de ter saído nela, já que não usava, era um dinheiro parado. A fórmula é clara, mas mesmo aqueles que sabem, fingem ter esquecido que dinheiro x taxa de juros x tempo = aumento de patrimônio, e mesmo que a inflação subtraia tal multiplicação é possível obter grandes lucros. Assim, o correto seria colocar o dinheiro da moto a juros, tirar a CNH, comprar uma moto menor, com menos valor agregado, menos despesas com manutenções, o que atenderia às necessidades de Matuto, levando-o a não precisar de uma bicicleta e nem mesmo de um carro até o período considerado. Além disso, comprar um carro velho, sem conhecimento específico foi uma péssima escolha.

Quando é dito, colocar o dinheiro a juros, não quer dizer deixar na poupança, que na época rendia apenas 0,5% ao mês e já existiam investimentos como o Tesouro Direto, baseado na taxa Selic a 9% ao ano, com possibilidade de resgate quando Matuto precisasse comprar a moto menor, sendo que a sobra, poderia ser investida em uma aplicação ainda mais rentável a partir daquela data.

Percebe que era possível viver até melhor naquela época, gastando menos e tornando o patrimônio de Matuto cada vez maior? Mesmo nas fases mais difíceis da vida (geralmente as iniciais), é possível atribuir crescimento dos nossos patrimônios. Ainda que você se encontre zerado financeiramente, que haja dívidas, ausência de recursos básicos para a existência, é possível fazer uma sequência de prioridades de modo a construir patrimônio. Quando digo patrimônio, não quer dizer moradia, carro, mas sim bens que lhe geram renda: títulos públicos, ações, imóveis, gado, etc.

Da mesma forma que há críticas, há elogios ao Matuto, ele já conclui dois dos quatro anos de seu curso, não possui dívidas e financiamentos, bem como já obteve um aumento do valor de sua renda mensal, que no primeiro emprego sobravam dois reais, e agora, ganhando 600 e pagando 189 da faculdade, sobram 411 reais mensalmente. Tudo que aconteceu, deve-se à decisão de Matuto ao mudar de emprego pensando no longo prazo. Além disso, foi nesse novo emprego que Matuto fez planos pela primeira vez, sobre seu futuro profissional.

Essas análises, ao contrário do que muitos consideram, não se trata de chorar pelo leite derramado, mas sim de poder levar ao leitor conhecimento para que, quando este possua a idade do Matuto, não tenha aquele velho dilema na mente: "há se eu tivesse o amadurecimento que tenho hoje quando eu tinha meus 14 anos!!!". Existem 99 em cada 100 pessoas que morrem e não adquirem conhecimentos relacionados às finanças. Infelizmente, no Brasil, não temos essa aula na escola e na maioria dos casos, nem mesmo na própria família.

Já diziam os bons e velhos livros sobre investimentos, que não adianta o indivíduo se formar, especializar em uma área na qual irá adquirir um bom salário, se não houver educação financeira. Com uma grande renda o profissional se acha bem-sucedido e adquire grandes despesas, ultrapassando até mesmo os seus vencimentos mensais. É deste modo que se criam médicos endividados, ex-jogadores de futebol falidos ou ganhadores da loteria quebrados. O dinheiro não tem continuidade, se ao invés de cultivá-lo, a pessoa apenas come seus frutos, seja na seca (crise), seja na chuva (crescimento econômico do país).

Capítulo 3 - Gastar menos do que se ganha

Os pais de Matuto estavam contentes com os resultados do filho, sempre acharam que ter um emprego razoável já era sucesso, eles haviam vendido o único carro de classe média que tinham adquirido até aquela data. Haviam deixado a colheita de café e passaram a vender requeijões produzidos no sítio. Passaram o carro por 15 mil, em troca de um bom lote de 400 metros quadrados, voltando apenas dois mil reais ao vendedor. Com um pouco mais de empenho, até o fim daquele ano já tinham poupado mais dinheiro, suficiente para levantar uma pequena casa no lote.

Matuto, após contribuir com a quantia que tinha adquirido no emprego, mudou-se sorridente para a pequena casa, já não precisando mais incomodar os tios, que prontamente haviam lhe ajudado por todo esse tempo.

Era uma casa sem cozinha, sem garagem, mas servia como abrigo e fornecia privacidade. Matuto cozinhava a noite, depois de suas aulas, levava a marmita para o serviço, frequentava a academia de musculação no início da noite, lavava as louças em um tanque fixado fora da casa, ia para aula e assim repetia o ciclo por toda semana.

Durante suas aulas ouvia a explicação dos professores e estudava uma apostila para prestar o concurso público estadual que havia almejado. No dia em que fez a prova, sentiu que uma das 120 vagas seria sua. Seus pais se encheram de orgulho, pensando na estabilidade do emprego público. Seu patrão, muito experiente no que diz respeito ao dinheiro, lhe disse a seguinte frase: "Aceite o cargo, nele você nunca será rico como planeja, mas, em contrapartida, nunca será pobre". Aquele conselho seria carregado por muitos anos e o jovem sempre iria se perguntar como ficar rico honestamente, mesmo trabalhando para o governo.

Matuto ingressou no serviço público, aos 19 anos, já recebia cerca de 1500 reais iniciais, enquanto passava por um curso no período integral durante nove meses. Era muito sofrido, o jovem caipira foi testado de diversas formas, mas com empolgação e sempre motivado, destacou-se entre os formandos. Porém, Matuto precisou trancar seu curso de Administração até concluir o período de treinamento em seu emprego.

Decepcionado com o quanto havia gastado dinheiro com o carro velho, vendeu-o e comprou uma moto nova, desta vez 150 cilindradas, já que uma maior seria desperdício para suas finalidades, e essa lição, também já havia sido aprendida na prática. O novo veículo trouxe apenas alegrias, muita utilidade e poucas despesas, mas iria durar pouco tempo.

Passada a formatura, Matuto foi transferido para uma pequena cidade a 65 km, onde atuaria por tempo indeterminado. Ali começavam bons tempos, salário de 2300 reais, emprego estável, moradia por conta do governo. Foi a fase mais fácil, Matuto pôde desfrutar de passeios, festas e diversos tipos de lazer, só não achou conveniente voltar para o curso de Administração, tendo em vista a distância entre as cidades.

Junto com Matuto, também foi transferido outro servidor público. Este comprou um bom carro, porém com uns 15 anos de uso, por cerca de sete mil reais, mas atendia suas necessidades e lhe permitiu comprar dois lotes parcelados com o salário que recebia.

Matuto havia jurado que não teria mais carros velhos, vendeu a motocicleta com seis meses de uso, perdendo 1200 reais. Deu uma entrada de 15 mil e financiou um carro zero km no valor de 28 mil, por mais 36 parcelas. Ao final dos 13 mil financiados, Matuto pagaria cerca de 17 mil, parecia uma taxa de juros ótima, porém, veremos o prejuízo mais adiante.

Matuto voltou para o curso de Administração após ficar dois anos com a matrícula trancada, havia aproveitado bastante a vida e percebeu que tal felicidade não seria eterna, um dia se casaria e nem uma residência ele possuía. Matuto quitou o veículo em um ano e meio, apesar de ter gastado muito com bobagens. Ficou na pequena cidade cerca de 30 meses, mas sentiu falta de sua cidade origem.

Para o retorno, juntou 18 mil reais e, com bastante disciplina, construiu uma cozinha e uma garagem na pequena casa que os pais haviam lhe emprestado. O imóvel, antes da reforma já valia cerca de 80 mil reais. Após as obras poderia ser vendido por 150 mil facilmente. Matuto havia planejado comprar um lote com esses 18 mil, financiando mais 12 mil, porém analisou que não desfrutaria do conforto de uma casa melhor e talvez não conseguisse tamanho retorno em valorização do lote quanto obteve em valorização da casa.

Matuto fez uma visita ao colega da pequena cidade onde haviam trabalhado juntos. O amigo lhe contou que havia comprado um carro mais novo, com mais opcionais do que o carro que Matuto possuía. Tal compra, teria sido paga à vista, como meio de comemorar o fato dos dois lotes que ele havia quitado serem suficientes para comprar oito carros como o de Matuto, isso em apenas três anos.

Não que se tratasse de inveja, mas o mundo de Matuto desabou naquele momento, pensou no quanto poderia ter faturado, se tivesse deixado de lado a emoção de ostentar um carro zero três anos atrás e também tivesse comprado dois lotes. O dinheiro de um dos lotes poderia ser utilizado para construir uma casa razoável no outro, casa esta que não seria de propriedade dos pais de Matuto, mas sim dele.

Matuto precisava correr atrás desse prejuízo. Estava na sua cidade origem já há um ano, havia acabado de se formar no curso de Administração, quando surgiu um concurso público na sua mesma área de atuação, que lhe traria a oportunidade de obter duas promoções ao mesmo tempo. Era a chance de Matuto recuperar o tempo perdido (e dinheiro desperdiçado). Matuto estudou 60 dias e noites, parecia um louco, dormia 4 horas, pediu transferência para um setor do seu emprego em que podia estudar e "engolia" as apostilas 20 horas por dia.

Logo saiu o resultado, foi aprovado entre os cinco primeiros concorrentes do Estado, para as 614 vagas existentes, sendo 10 para sua região, na qual atingiu a maior nota. Havia um porém, o novo curso de formação para o cargo pretendido tinha duração de 14 meses, era considerado pelo MEC um curso superior, e só podia ser realizado na capital do Estado. Lá se vai o humilde caipira, mas antes, motivado a obter crescimento financeiro, vendeu o carro para o avô, pelo preço de 22 mil (depreciação de seis mil reais), adquiriu o carro velho do avô, por 15 mil e comprou um lote de 480 metros quadrados no melhor bairro de sua cidade, por 95 mil, sendo cinco mil de entrada e o restante em 96 parcelas.

Era o início de uma grande etapa de crescimento, que será continuada no próximo capítulo, após a análise do período em que Matuto foi servidor público em sua primeira função.

Análise

Primeiramente, Matuto sentiu-se melhor em mudar de emprego, trocando totalmente seu foco, mesmo motivado pela emoção de ganhar mais inicialmente, acertou por ter escolhido uma carreira segura, e que também lhe daria oportunidades de crescimento. Porém, como o patrão havia dito, nunca o deixaria rico (pelo menos até os próximos dois ou três capítulos).

Depois, Matuto também controlou a emoção e usou a razão comprando uma moto que lhe atenderia e lhe custaria menos que o carro. Porém, logo quando foi transferido (fato que já deveria ser previsto) precisou novamente de um carro, tendo em vista que percorria por 65 km de distância umas duas ou três vezes por semana. Foi quando Matuto teve a maior emoção e também cometeu o maior erro, gastando mais do que tinha em um carro novo, que além dos quatro mil de juros, se depreciaria mais seis mil, totalizando uma perda de 10 mil reais, fora os altos impostos.

Vale lembrar que o carro usado, adquirido pelo amigo de Matuto, servia para os mesmos objetivos, e não lhe trouxe problemas, já que foi bem vistoriado durante a aquisição. Nem mesmo no quesito conforto havia tanta diferença entre os automóveis.

Matuto esbanjou bastante, comprovando a teoria de que despesas aumentam junto com o crescimento do salário, mas ainda tentou remendar o problema, adiantando a dívida do carro com o fim de diminuir a incidência de juros. Também investiu no conforto da reforma da casa, que obteve boa valorização, acertando nessas duas decisões.

Depois, veio um grande passo, aprendeu com seus erros, se espelhou no amigo para adquirir um ótimo lote, continuou possuindo um carro da mesma forma e dedicou-se ao seu emprego, dando um importante passo para o aumento de sua renda mensal, ao passar em um concurso que lhe colocaria dois cargos acima do seu.

Assim é a vida financeira, quem age tomado pela emoção, certamente terá dificuldade de se recompor, pois o prejuízo é multiplicado alguns anos depois. Não se esqueça de aproveitar seu dinheiro para as necessidades de curto prazo, mas saiba abrir mão dos luxos desnecessários para construir múltiplas conquistas em um futuro próximo.

O primeiro passo para quem já possui uma renda mensal mediana se tornar rico é gastar menos do que ganha. O segundo é tentar elevar o valor dessa renda por meio de crescimento no seu trabalho. Em terceiro é preciso fazer aplicações financeiras inteligentes, por meio da compra de ativos, conforme já visto anteriormente, são os ativos que lhe ajudam a trabalhar para o seu aumento de patrimônio.

A atitude de conseguir um novo emprego ou uma promoção e já aumentar o padrão de vida (de despesas) é inerente a quase todos os brasileiros, quando, na verdade, deve-se tentar manter o padrão de vida anterior pelo maior tempo possível e o único meio para se conseguir isso é pagar-se a si mesmo. Sim, pague a você assim que receber seu salário, depois você paga o restante das despesas.

De nada adianta ganhar mais e pagar mais ao dono do supermercado, da concessionária mais próxima e até ao barbeiro de um salão mais bonito. Pegar o aumento de salário e depositar primeiro em sua conta de investimento lhe trará inicialmente a impressão de que você não conseguiu nenhuma conquista se esforçando mais no emprego. Mas em poucos meses você se sentirá mais vitorioso. Do contrário, cada aumento só lhe trará frustração por estar trabalhando mais e sempre devendo mais.

Sem dúvida, abdicar de bens e compras que você não precisa é muito mais importante para se tornar rico do que ganhar bem. Ganhar muito e gastar mais ainda só lhe trará responsabilidades maiores e dependência maior no emprego, pois quanto mais você ganhar, mais será cobrado e mais terá compromisso com suas altas despesas.

Mesmo que não concorde, tente tirar pelo menos 10% do salário esse mês, guarde essa quantia assim que receber, antes de pagar qualquer outra despesa. Depois faça adaptações no sentido de fechar o mês sem dívidas. Verá que no início parece sacrifício, mas em poucos meses a tranquilidade financeira lhe deixará bastante motivado. A partir disso, você já é um poupador e passará aplicar tais economias, obtendo novos ganhos e passando a ser um investidor. A bola de neve logo crescerá, Matuto lhe mostrará daqui a pouco.

Capítulo 4 - Alugar ou financiar um imóvel?

Nessa época, Matuto ainda não sabia de todas essas lições que tiramos dessa passagem de sua vida, e veremos que ele voltou a cometer alguns erros baseados em emoções e impulsos. Mas antes disso precisava estabelecer moradia na capital, onde alugou um apartamento com mais dois colegas, com um quarto para cada um, ao mesmo preço que pagaria em uma pensão morando com quatro indivíduos no mesmo quarto.

Quinhentos reais era sua parte do aluguel, 900 reais era o valor das parcelas de seu lote, e o restante dos 1100 de seu salário ficava nas despesas com supermercado e deslocamentos para sua cidade origem a cada 15 dias. Durante 14 meses de curso intenso era impossível acumular ativos além do lote que estava sendo vagarosamente pago.

Matuto sabia que, no curso, caso não fosse o servidor mais bem classificado de sua região, não conseguiria permanecer em sua cidade origem e novamente ficaria pelo menos dois anos em outra localidade. Esforçou-se tanto que nem água bebia, dia e noite estudando seu corpo ressecou-se e teve até inflamação nas hemorroidas.

Naquele curso o caipira com notas acima da média recebeu carinhosamente o apelido de Matuto. Com um ressalto nas hemorroidas Matuto insistiu em não perder a prova na matéria de educação física. Correu os 2400 metros exigidos em 8 minutos e 41 segundos, atingiu apenas a nota nove, já que a nota dez seria atribuída apenas a servidores com tempo menor ou igual a 8 minutos e 40 segundos.

Diante de diversas situações semelhantes, passaram-se os 14 meses mais longos da vida de Matuto. No final, seu nome estava estampado na segunda colocação entre mais de 600 formandos do Estado. Havia empatado com a 1ª colocada, ambos com nota 9,70 de média geral, sendo a quarta casa decimal o critério de desempate.

Matuto retornou à sua região, já com as duas promoções garantidas, com 12 kg a menos (para quem já era magro), bem mais experiente, mas totalmente esgotado mentalmente e fisicamente. Foi lotado em uma cidade próxima à dele, levantava as 03h30min da manhã, viajava uma hora para trabalhar, mas não queria abrir mão de morar em sua cidade natal. Achava ser merecedor de um meio de transporte melhor, até mesmo como prêmio pelas promoções tão sofridas, assim, o sem juízo, já pensava em trocar de carro. Mas o que tudo isso tem a ver com alugar ou comprar uma casa? Calma, estamos chegando lá.

Aliado ao desejo de comprar outro carro, eis que Matuto conheceu a garota que sempre sonhou, na cidade onde trabalhava. Domado pela forte emoção de conquistá-la, apesar de já ter conseguido, mas estar inseguro, Matuto correu a uma loja em sua cidade, deu 30 mil de entrada e financiou mais 48 parcelas de 1430 reais em uma linda caminhonete. Mais tarde viria a descobrir que a linda moça não se importava com isso, que casariam e passariam os primeiros anos vivendo apenas com o básico, devendo um imóvel por culpa de erros passados, erros que prejudicavam o acúmulo de patrimônio que seria suficiente para dar-lhes independência financeira antes de se aposentarem.

O primeiro encontro parecia sonho, chegar a um bom restaurante, naquela "nave" (financiada e pertencente ao banco, em sua maior parte) ao lado de uma mulher exuberante parecia não ter nada igual. Logo no segundo encontro Matuto se mudou para a cidade dela, onde ele trabalhava. Foi um ano de muitas curtições, aproveitaram bastante o namoro, o bom salário e a caminhonete branca que fazia 4 km com um litro de combustível. Em um mês atípico, Matuto ganhou seu salário de 4500 reais mais sete mil em diárias e não sobrou nem um centavo para o próximo mês. Quanto mais ganhava, mais gastava.

Até que o ano se foi e a bela garota precisava se mudar para a cidade natal de Matuto, nessa hora o mundo dele desabou, percebeu que a namorada, apesar de ter começado a trabalhar aos 14 anos, não possuía uma reserva financeira para bancar os estudos e nem mesmo um aluguel. O sogro de Matuto, homem sério e conservador, nunca aceitaria que ela morasse na casa dos pais do namorado.

Matuto havia gastado muito durante o ano, não que tenha se arrependido das curtições com sua alma gêmea, mas que não havia necessidade de estarem "montados" em uma caminhonete que lhe custara 30 mil, mais 14300 em parcelas que haviam sido pagas e mais uns 10 mil de consumo e manutenções durante aquele ano. Tudo isso lhe impedia de poder a ajudar a namorada, que merecia um apoio em seus bons planos.

Matuto só conseguiu vender a caminhonete porque a trocou em um carro usado no valor de 30 mil, ou seja, havia perdido o valor de todas as parcelas que tinha pagado no ano, mais o valor dos altos custos de manutenção. O prejuízo chegava a quase 25 mil reais em 10 meses.

Mudou-se com sua amada para a cidade dele, alojou-a por uns tempos na casa da irmã dela e não teve outra alternativa, comprou um apartamento próximo à Universidade por 165 mil, que na verdade valia 180 mil a qualquer hora, achando estar fazendo um ótimo negócio.

Já que na casa construída pelos pais de Matuto, morava a irmã dele, não havia outra opção, deu o carro como entrada e financiou no banco o restante do apartamento em 300 parcelas. Uniram o grande amor que sentiam à necessidade de morarem juntos para se ajudarem mutuamente e resolveram se casar. Nem quiseram pesquisar se compensaria alugar um apartamento, já que seus pais sempre disseram que antes de alguém se casar é preciso ter uma casa. Por milhares de vezes também tinham ouvido que dinheiro de aluguel ia e não voltava, e já que era preciso pagar, melhor pagar por algo que é seu. Analisaremos em seguida se realmente tal fato é verdade.

Matuto também possuía metade do seu lote já quitado. Ele notou que em três anos, o lote havia quase dobrado seu valor, os 95 mil na hora da compra, já valeriam 180 mil, se estivesse tudo quitado. Para evitar a demora da liberação do dinheiro ao vendedor do apartamento, este fez a proposta de pegar o ágio do lote por 90 mil como forma de aumentar o valor de entrada. Matuto recusou, pois acreditou que se o lote tinha

45

valorizado quase 90 mil em 36 meses, estaria gerando um lucro de 2500 reais todos os meses, então seria melhor pegar o financiamento e pagar parcelas de 1400 do apartamento, que teriam juros apenas de 1000 reais mensalmente, ou seja, continuando com o lote e financiando o apartamento Matuto ainda teria um lucro de 1500 todo mês. É o que veremos adiante!

Análise

O apartamento de Matuto, mesmo com o desconto, foi adquirido por 165 mil, custando inicialmente 30 mil reais, com parcelas por 25 anos no valor de 1400. Segundo o banco, o custo efetivo total do financiamento é de 9% ao ano. No fim do pagamento sairá do bolso do comprador a quantia de uns 310 mil reais e provavelmente o imóvel não terá valorização acima disso, tendo em vista que será um prédio velho e inclusive irá custar bastante dinheiro suas reformas.

Pois bem, o mesmo apartamento, mesmo sendo próximo à Universidade, custaria apenas 700 reais para ser alugado, ou seja, poderiam ser poupados todo mês 800 reais, considerando que não se pagaria os 1400 de prestação, e ainda seriam economizados os 30 mil reais de entrada. Investindo esses 30 mil, mais 800 reais todo mês, durante os 25 anos, a juros de 0,9% ao mês (o que veremos adiante que não é difícil de conseguir), totalizaria uma quantia de R$ 1.658.908,71. Não se assuste, é isso mesmo, mais de um milhão e meio de reais, que dariam para comprar no mínimo cinco apartamentos de mais de 300 mil reais. Por isso, não financie imóvel para morar, alugue.

Essa é não só uma declaração clara do poder dos juros compostos, como também uma prova de que não devemos simplesmente aceitar quaisquer conselhos sem testá-los hipoteticamente antes de tomar uma decisão. São nessas horas que se diferenciam as pouquíssimas pessoas que tem uma mente milionária, daquelas que pensam como uma manada de elefantes desenfreada.

A única diferença que poderia existir entre morar no mesmo apartamento, alugado ou comprado, seria a de que alugando o morador estaria se tornando milionário logo adiante, desde que ele tenha a disciplina de poupar os 800 reais todos os meses até o final. Por isso fica o conselho novamente: pague a si mesmo primeiro.

Ainda temos que considerar que Matuto foi um herói em seu curso de formação na capital, já que obteve um ótimo rendimento e ainda conseguiu sobreviver na grande cidade sem deixar de pagar suas parcelas do lote. Sem contar que não voltou para casa devendo. Porém destruiu tal mérito ao comprar um carro por cerca de 80 mil reais, quantia que na verdade não tinha em mãos.

Perdeu quase 15 mil só na depreciação do veículo e nos juros, dinheiro que poderia ter sido aplicado com inteligência e ainda somado à parte dos 30 mil que pagou de entrada no carro, já que na época, 20 mil seria suficiente para comprar um ótimo carro, que atenderia seus objetivos, consumiria menos e daria menos despesas com manutenções.

Obviamente, se todos os erros apontados até agora não tivessem sido cometidos por Matuto, seus investimentos seriam mais que suficientes para comprar o apartamento à vista, ou alugar um imóvel e continuar investindo o dinheiro, dependendo da lucratividade de cada uma das decisões. Mas de uma coisa sabemos, comprar imóvel financiado com o fim de estabelecer moradia é a pior decisão que se pode ter, não se discute com a matemática, ela é uma ciência exata.

Capítulo 5 - A falsa ilusão das primeiras decisões na vida de casado

Você talvez esteja se cansando de ler, pois espera logo descobrir como conseguir uma aposentadoria durante oito anos de dedicação, mas isso está prestes a ocorrer. Você logo entenderá como Matuto descobriu que precisava mudar suas atitudes e partir em busca da liberdade financeira.

Ele ainda não sabia da análise que foi feita acima, estava satisfeito com a compra do apartamento, então criou coragem e foi até a casa do sogro pedir o casamento. Chegando lá, informou à família que havia fechado o negócio do apartamento, com o fim de já quebrar a possível resistência de seu sogro quanto ao fato de onde iriam morar. Satisfeito com a conquista do genro, logo o sogro engoliu seco quando recebeu o restante da notícia.

Polido em suas decisões o sogro disse que pensaria sobre o fato, mas de imediato já concordou que a filha casando passaria menos dificuldades, possuindo alguém com mais experiência ao seu lado, já que era tudo novo para ela na cidade onde havia iniciado o curso de Engenharia Civil. Também levou em consideração o compromisso de Matuto, já que ele havia, inclusive, arrumado um emprego para sua futura esposa como vendedora em uma loja de calçados.

Poucos dias depois, o sogro lhe disse que estava de acordo com o casamento e daria todo apoio. Matuto e a moça demonstraram muita humildade, não pediram uma festa e queriam apenas uma cerimônia religiosa simples. Precisavam se casar o mais rápido possível para diminuírem suas dificuldades e viverem aquele verdadeiro amor.

A moça começou os preparativos e abriu mão de muitos luxos. Matuto comprou peças de ouro antigas, de alguns conhecidos, mandou derreter e fez belas alianças por apenas 1300 reais (na joalheria as mesmas peças custariam 3500).

Enquanto ambos ficavam noivos, preparavam tudo para o grande dia, e viam alguns amigos gastando milhares de reais, que não tinham, em coisas supérfluas como decoração requintada e vestidos de 30 mil.

Correndo tudo conforme planejado, ainda sobrou um dinheiro, Matuto comprou diárias em um hotel mediano em uma cidade turística com direito a entrada em um belo parque aquático. Gastou menos de mil reais e teve uma lua de mel inesquecível. Chegaram da viagem e agradeceram a Deus, pois com todas as economias, fizeram uma linda cerimônia, aproveitaram o passeio e haviam conseguido mobiliar 70% do apartamento.

Para melhorar ainda mais as coisas, o pai de Matuto lhe pagou 25 mil pela melhoria que este tinha feito na casa onde morava com a irmã, dinheiro que foi essencial, já que Matuto estava sem carro (sua esposa só tinha uma moto). Desta vez Matuto já havia aprendido muito sobre prejuízos com veículos. Escolheu alguns modelos pela internet com o melhor custo benefício na capital de seu Estado, embarcou em um ônibus para a metrópole e com aquele dinheiro, comprou um modelo popular, com todos os opcionais, possuindo cinco anos de uso, porém com apenas 30 mil km rodados (originais).

Tudo parecia estar muito bom, principalmente quando Matuto conseguiu de novo transferência de seu trabalho para cidade onde morava com a esposa. O casal acreditava que estavam no rumo certo, tinham casa, carro, uma moto e ainda um lote, que anos mais tarde poderia ser enfeitado com a construção de uma linda casa.

O pensamento de muitos noivos é que, além do amor envolvido, irão juntar os contracheques, gastar apenas com uma moradia, dividir o mesmo gás de cozinha, pagar uma única conta de luz, entre outras vantagens financeiras, onde dois ganham mais e gastam igual a uma pessoa só.

Matuto sentia-se praticamente realizado, faltava apenas realizar seu sonho de comprar uma moto que chegasse de 0 a 100 em menos de 3 segundos. Já que não havia dinheiro em sua conta e os financiamentos já haviam lhe tomado muito dinheiro, Matuto fez um consórcio de uma moto no valor de 40 mil, 60 parcelas de 800 reais, o que lhe prometera não cobrar juros, mas daria cerca de 8 mil reais a mais computados como taxas de administração.

De imediato, já surgiam reflexos dos maus negócios feitos há menos de um ano. Conforme foi provado, Matuto estava tomando um enorme prejuízo com a compra do apartamento, mas não termina por aí. Logo após seu casamento, o Brasil declarou crise, todos os meses o PIB já não era favorável, a bolsa de valores caía, o dólar subia, a inflação tomava conta do mercado, os juros para financiamentos aumentaram e consequentemente o preço dos imóveis caiu, ou, no mínimo, congelou.

Dali em diante ele percebeu que o valor do seu lote já não lhe gerava aqueles 2500 de valorização mensal, talvez nem mesmo um centavo aumentara após a compra do apartamento. A consciência de Matuto estava péssima por não ter vendido o lote quando comprou seu apartamento.

Com a crise citada, Matuto pagava os 1400 de parcelas do apartamento, 1500 de parcelas do seu lote, 800 reais do consórcio sua moto, e os 1000 reais que sobravam do seu salário de 4700, já não davam mais pra os gastos de subsistência do casal, ainda mais que as compras mensais eram feitas no cartão de crédito e, gastando ser perceber, no outro mês vinha um rombo em sua renda devido à fatura do cartão.

A escassez de dinheiro que a família vivia, após achar que estavam "folgados" financeiramente, foi um dos motivos que levou Matuto a perceber que não devia ter comprado aquele consórcio. Matuto começou a pensar sobre isso, e se perguntava se um dia teria tranquilidade financeira, já que toda vez que ganhava mais, fazia mais despesas.

Certo dia, Matuto encontrava-se totalmente esgotado de seu trabalho, estava inclusive sendo processado judicialmente, por fatos que eram inerentes à sua função e não havia como fugir daquilo. Estava ganhando bem, mas após aquele curso que lhe deu duas promoções vieram juntas duas mil responsabilidades. A falta de dinheiro, e falta de qualidade de vida causada pelo excesso de trabalho foram cruciais em uma mudança tremenda tomada por Matuto.

Ele descobriu que 90% das pessoas que chegaram onde almejavam, em nível de trabalho assalariado, eram insatisfeitas com sua vida, por sempre faltar dinheiro no fim do mês, já que as despesas sempre aumentavam em proporção igual ou maior que a própria renda. Percebeu também que quanto mais ele se especializava no seu trabalho, mais dependente daquilo ele se tornava, já que isso lhe impedia de aprender outras coisas. Sendo assim, se um daqueles processos lhe tomasse o emprego ele estaria perdido, pois não sabia ganhar dinheiro com outra coisa, não queria voltar a trabalhar na roça e não conseguiria pagar os 3700 reais de dívidas fixas que possuía.

ESTE É UM DOS PONTOS PRINCIPAIS DESTE LIVRO, já que Matuto, aos 27 anos, havia acordado para a importância das finanças na sua vida pessoal, ele havia aprendido na faculdade a dominar diversas maneiras para enriquecer empresas alheias, mas nunca havia aplicado seus conhecimentos em sua própria vida. A partir de agora Matuto já sabia fazer análises como as que fizemos em cada capítulo. Pôde identificar os erros e acertos que cometeu durante sua vida e de agora em diante iria aprimorar seus estudos sobre investimentos, pois sua meta passou a ser a independência financeira.

Independência financeira, quer dizer que uma pessoa poderá deixar de trabalhar, manter seu padrão de vida e suas despesas mensais continuam sendo pagas por meio do lucro de seus ativos (é a chamada renda passiva). Imagina quando Matuto puder ter outra renda, igual a que recebe do governo, ou largar seu emprego, continuar tendo seus gastos pagos, e sobrar certa quantia para ir valorizando seu capital, como forma de protegê-lo da inflação. Seria como uma aposentadoria antecipada, bem antes de tornar-se um idoso e já não ter saúde para aproveitar a família e as coisas boas que o dinheiro pode fornecer.

Chegamos onde você leitor tanto esperava, mas antes de pularmos para o próximo capítulo, quando Matuto faz uma reviravolta em suas atitudes, vamos analisar o que ele fez de certo e errado após ter se casado.

Análise

Qual é a diferença de um consórcio para um financiamento? Só o nome, no consórcio você não paga juros, mas paga taxa de administração, talvez tão alta quanto aqueles; você não pega o bem no momento da

PREVIDÊNCIA PRÓPRIA, FABRICIO BRUNO

compra, mas entra em um sorteio para poder ser contemplado com o bem e talvez só seja sorteado no final. No caso de Matuto era o mais provável, já que ele não possuía margem de lucro em sua renda mensal para que pudesse juntar uma quantia para ofertar um lance e retirar a moto.

Primeiramente há que se considerar que tal moto era um bem do qual Matuto não precisava, e só deveria comprá-lo após estar com dinheiro sobrando, sem ter outros planos em mente. Essa é outra diferença entre os pobres e ricos, os primeiros compram bens supérfluos sem poder, enquanto os segundos só compram bens de luxo após obterem renda de seus ativos (renda que não precisam para outros fins mais importantes).

Se fizermos uma comparação entre financiar, fazer um consórcio ou comprar a mesma moto à vista chegaremos aos seguintes números:

Para financiar uma motocicleta de 40 mil reais em 60 parcelas, a uma taxa de 0,99%, é preciso pagar 72 mil reais ao final. No caso do consórcio, nesse mesmo tempo, a taxa de administração fica em torno de 8 mil reais, totalizando cerca de 48 mil, porém é preciso considerar que talvez a moto só seja entregue ao final dos 60 meses. Como as parcelas do consórcio são de 800, vamos considerar que você aplique tal valor mensal a uma

56

taxa de 0,95% a.m. em algum investimento e espere para comprar a moto à vista. Nesse caso, em 39 meses você consegue os 40 mil para comprá-la "em dinheiro vivo" e com certeza ainda conseguirá um bom desconto na loja.

Veja que, na verdade você tirou do bolso apenas 31200 reais para comprar a moto (nesses 39 meses), o resto do valor os investimentos pagaram para você. Observe também que restariam ainda 21 meses (até completar os 60) para você poupar e investir 800 reais, o que somaria mais 20 mil reais na sua conta. E aí, compensa fazer consórcio, financiar ou poupar para pagar à vista?

Matuto e a esposa conseguiram fazer seu casamento como tinham planejado, inclusive com uma viagem, gastando o menos possível. Foi uma ótima estratégia, já que mobiliou praticamente todo o apartamento, com os bens mais essenciais para viverem ali. Muitas pessoas cometem grandes erros nessas datas em suas vidas, alegam, por exemplo, que só se casa uma vez, e acabam gastando o que não devem. Repito que não se trata de deixar de realizar sonhos na vida, mas sim de fazer o que realmente tem um bom proveito, a um custo compensatório. Matuto não concordava com ideias como pagar um fotógrafo a cinco mil reais, por fotos que seriam vistas em um álbum talvez de 10 em 10 anos, por isso preferiu que sua esposa pagasse 1300 reais pelos serviços de um profissional bom que fizesse um serviço parecido com outros mais caros.

A princípio, a ideia de financiar o apartamento e manter o lote parecia bem rentável, mas dessa decisão surgiu algo que pode arruinar o sucesso de um investidor: a situação macroeconômica de um país.

Matuto era daqueles que diziam não gostar de política, odiava ver o jornal em suas noites de folga, não se interessava por conhecer a cotação do dólar, que influenciava em todas as exportações e importações feitas por seu país. Depois da conclusão de seu primeiro curso superior ele nunca mais tinha ouvido falar na taxa Selic, CDI, que são taxas de juros praticadas pelo governo e mercado importantíssimas na hora de decidir comprar ou vender algo. Matuto deixou de pagar o apartamento quase todo à vista, na ilusão de que seu lote continuaria a valorização.

Primeiramente deveria ter ido ao bairro onde o imóvel era situado, iria descobrir que as evoluções determinantes para uma aceleração da valorização (luz, asfalto, esgoto e boas casas construídas) já haviam acontecido, o que congelaria mais os preços dali em diante, a não ser que se instalasse ali um grande supermercado, uma nova Universidade, que não era o caso.

Depois, Matuto deveria ter presumido que a crise levaria as altas taxas de juros a desestimular compradores, despencando os preços em consequência disso. Mas como ele sempre acreditava que tudo no universo tem um propósito usou a situação em que se encontrava para definir um novo objetivo, pelo qual ele quitaria o lote, o apartamento e partiria para a fase de acumulação de capital para aposentar a si próprio e livrar-se das preocupações de seu emprego e despesas da vida de um homem casado.

Inicialmente, o que parecia um extremo sacrifício (poupar e investir dinheiro do próprio salário) refletiu em uma mudança de vida sensacional.

Capítulo 6 - Definição das Metas

Você acharia justo começar a trabalhar seriamente aos 10 anos de idade, ficar até os dezenove sem assinar a carteira de trabalho e ainda ter que trabalhar mais 46 anos até completar a idade de 65 anos para se aposentar? E pior, durante todos esses anos não poder usufruir das coisas que alguém que não trabalha usufrui (ausência de preocupação, passeios ...)?

Piora ainda mais a situação se formos lembrar de todas as coisas ruins que nosso trabalho nos submete ao longo de uma carreira. Lógico que o trabalho também tem suas consequências benéficas, algumas pessoas, inclusive, reclamam do trabalho mas não conseguem ter uma vida fora dele, pois não se preparam para isso.

Tudo que Matuto tinha conquistado se devia ao trabalho, veio do seu suor, por isso todas as circunstâncias difíceis que enfrentamos em qualquer que seja a profissão não deve se sobrepor aos benefícios que o emprego fornece ao indivíduo que não nasce em berço de ouro. É importante lembrar que o trabalho deve ser valorizado, porém sabemos que não deve fazer parte da vida inteira do ser humano.

O importante é saber que quando adquirimos independência financeira não quer dizer que não vamos trabalhar nunca mais, que somos preguiçosos, mas sim que teremos o poder da escolha de aposentar ou ter duas rendas, e era essa a meta de Matuto, acima de qualquer outra. Era mais importante do que o sonho de ter todos os bens materiais que um dia almejou. Antes de tomar qualquer atitude no seu dia a dia partir de agora, pense no que realmente importa para você, isso guiará todas as suas atitudes.

Saber aonde quer chegar é o primeiro princípio para não tomar caminhos errados. Estava claro na mente de Matuto qual era o ponto que ele gostaria de estar, nunca quis ser um bilionário, mas em oito anos, queria construir um patrimônio de um milhão de reais em investimentos, para viver da renda destes, o que totalizaria cerca de 10 mil reais mensais em recebimentos de juros por mês. (calcule qual o valor ideal que você almeja)

Para isso, Matuto iria pagar suas dívidas e partir para a fase de acumulação de patrimônio, para somente depois viver da quantia acumulada, elaborando um novo plano para não deixar que esse dinheiro se acabasse com o tempo.

Quando chegasse a obter um milhão, poderia sair do seu trabalho (caso este ainda lhe tivesse trazendo transtornos, ou o governo continuasse ameaçando lhe aposentar ainda mais tarde), poderia reinvestir pouco mais de dois mil dos 10 mil que teria em rendimentos, de forma que protegeria seu patrimônio contra a inflação, a qual em média permanece em 3,8% a.a., significando que será necessário somar cerca de 38 mil por ano ao patrimônio de um milhão para evitar perda de poder aquisitivo (esses dois mil, mais algumas rendas extras seriam suficientes).

Com os oito mil de renda, Matuto poderia custear suas despesas, fazer algumas viagens durante o ano e se por acaso achasse sua vida monótona, poderia trabalhar em algo por prazer, de modo que não lhe tomasse todo o tempo e não lhe causasse transtornos emocionais, físicos, psicológicos e espirituais. Isso sim seria viver!

Para uma pessoa que não tinha grandes interesses em luxos e só almejava uma casa confortável (mas não enorme), um carro sofisticado (mas não caríssimo), uma moto potente com bom custo benefício, um restante de dinheiro e tempo para fazer uns dois passeios curtos por semana, para curtir a vida de modo moderado, oito mil eram mais que suficientes. Caso não fossem, Matuto teria a opção de permanecer em seu emprego, que certamente também já lhe pagaria no mínimo oito mil em salário, até se passarem esses oito anos.

Não seria nada mal, quadriplicar sua renda de pouco mais de quatro mil para 16 mil em apenas oito anos. Ou ganhar oito mil por mês sentado onde quiser sem ter que aturar pressões de um emprego.

Matuto sabia que iria enfrentar comentários indiscretos, principalmente de familiares e amigos, no sentido de criticarem o fato dele estar poupando dinheiro, abrindo mão de ter um carro melhor por todo esse período, vendendo os imóveis que possuía e até mesmo privando-se de frequentar algum evento que julgasse ser desnecessário e de alto custo.

Comentários de pessoas leigas no que se refere a finanças sem dúvida seriam ignorados por ele, pois sabia que não se tratava de ser "pão duro", mas sim consciente e disciplinado a alcançar sua independência. Qualquer outra pessoa iria viver pelo consumismo e talvez nem chegasse a ter 65 anos para pensar em liberdade financeira por meio de uma aposentadoria de 1 salário mínimo.

A partir de agora, acredito que não há necessidade de fazer análise dos capítulos, pois é notável o quanto a mente de Matuto amadureceu no sentido financeiro. Em uns três meses lendo livros, como os que serão apontados nas referências bibliográficas, além de alguns sites como Guiainvest, Clube FII, Infomoney, Matuto já havia adquirido bastante educação financeira. A partir desse ponto, nunca mais parou, e olha que ele nunca havia se interessado em ler um livro por prazer antes disso.

Junto com uma meta devem estar os passos necessários para atingi-la, no caso de Matuto, ele planejou que precisava pagar as dívidas, conhecer os melhores investimentos, adaptar os investimentos à sua carteira e depois viver da renda deles.

Pois bem, estipulada a meta, e os passos a seguir, eis a principal indagação, como conseguir um milhão de reais em oito anos? É o que vamos aprender daqui para frente.

Antes, apenas lembre-se de agradecer a Deus, independentemente de religião, por ter chegado até aqui. Dê valor ao emprego que tem, pois é dele que você irá tirar os valores necessários para atingir a independência. Também saiba diferenciar a ambição da vontade de ser livre. Na primeira você quer sempre mais e mais das coisas que você nem precisa. Na segunda você quer o que precisa, sem que seja necessário dar sua vida em troca.

Capítulo 7 - Passo 1- Liberar o contracheque (pagar as dívidas)

Após os 3 meses estudando investimentos e maneiras de chegar a um milhão de reais, Matuto já sabia dos erros que havia cometido, precisava então pagar suas dívidas, pois do contrário não teria condições de acumular tamanho patrimônio em tão pouco tempo de nenhuma maneira.

Matuto já havia se familiarizado com a contabilidade de empresas, desde seus primeiros dias na faculdade, tinha conhecimento de que tudo que é organizado tem mais chance de dar certo. Por isso sua primeira atitude foi montar uma planilha baseada em uma DRE - Demonstração de Resultado do Exercício. Uma DRE é desenvolvida por contadores para analisar os fluxos de entrada e saída da movimentação financeira de uma empresa, porém, Matuto desenvolveu uma planilha de sua própria movimentação.

Nessa planilha foram criadas colunas com cada mês daquele ano, bem como foram criadas linhas com todos os recebimentos que ele teve (salário, férias, ajudas de custo, diárias). Abaixo dessas linhas somava-se o total de recebimentos em cada mês. Nas próximas linhas eram lançadas todas as despesas de cada mês (supermercado, combustível, mensalidades do apartamento...). Depois, a próxima linha somava o total das despesas. Por último, a linha mais abaixo representava uma subtração do total em recebimentos menos o total das despesas.

Parece bobagem, mas dessa forma Matuto tinha o controle total de tudo que recebia e tudo que gastava. Por meio da observação desse controle foi possível perceber que poderiam ser diminuídos os valores de despesas como presentes para familiares. Despesas como restaurantes e padarias poderiam ser substituídas por compras no supermercado que possibilitassem a Matuto e sua esposa fazerem suas refeições no trabalho com alimentos levados de casa, até mais saudáveis por sinal. Altas despesas como suplementos alimentares deram lugar há uma alimentação mais balanceada do casal e ainda sobraram 160 por mês.

O ponto principal que Matuto analisou na planilha era o fato de quase todas as compras aparecerem somente no mês seguinte, devido ao pagamento por meio do cartão de crédito. Era por isso que Matuto gastava sem ver, como não era dinheiro vivo que saía do seu bolso, não era possível saber o quanto havia disponível para ser gasto naquele mês. Graças à clara visualização que a planilha lhe trouxe, Matuto economizou uma reserva para passar o mês, pegou uma tesoura e picou o cartão de crédito em mais de 20 pedaços. De imediato já pôde eliminar da planilha a despesa "anuidade do cartão" e "juros do cartão". Foi um grande passo, no próximo mês Matuto sabia exatamente quanto poderia gastar e só comprava à vista.

O problema é que essas eram apenas partes das despesas que faziam um rombo no recebimento mensal de Matuto. Sua esposa ganhava apenas o suficiente para pagar o curso de Engenharia Civil e ainda estava no segundo ano. As despesas que mais comprometiam a renda de Matuto eram as parcelas do apartamento (1400 reais), do lote (1500 reais) e o consórcio da moto (800 reais).

Matuto calculou que se pagasse tudo à vista e mantivesse as despesas de subsistência em dia, poderia conseguir viver com os 1000 reais que sobravam do salário subtraído pelas 3 parcelas altas que ele pagava. Logicamente, se um salário mínimo era menos de 900 reais, seria mais que obrigação dele conseguir viver com 1000; além do mais, sua esposa sempre se desdobrava e, mesmo com seus compromissos, vendia um pouco de sapatos a mais para contribuir nas despesas da residência de alguma forma, era uma mulher de ouro.

Porém, como ele iria começar a investir dinheiro, se sua renda estava exatamente do tamanho de suas despesas? Olhou novamente a planilha e percebeu que em alguns meses recebia quantias extras como 13º salário, diárias de viagens a serviço, entre outras. Ali estava a esperança de poder começar a produzir 1 milhão de reais.

Matuto produziu outra planilha, jogando os rendimentos extras que iria receber durante o ano há uma taxa de juros de 0,9% ao mês, que era um valor médio do que o mercado de investimentos estava pagando de forma segura. Veio a primeira decepção, em 8 anos, tais investimentos feitos a essa taxa só totalizaram cerca de 200 mil reais. Havia então duas possibilidades, entrar em investimentos muito agressivos e arriscar perder dinheiro ou liberar ainda mais dinheiro em sua renda mensal para investir mês a mês.

Sem dúvida, após Matuto ter perdido muito dinheiro durante todos esses anos, ele resolveu que não iria optar por arriscar demasiadamente. Precisava então liberar uma quantia maior todos os meses em seu contracheque. Pensou bastante, comparou a felicidade que teria ao adquirir 1 milhão com a felicidade que teria em andar na moto de luxo que estava pagando. Mas como agora o próprio Matuto é quem faz suas análises, foi firme na decisão: vendeu o consórcio da moto.

Com mais 800 reais podendo ser lançados nos investimentos todos os meses, Matuto concluiu que o montante ao final dos 8 anos havia aumentado para cerca de 350 mil. Novamente, outra decepção, que na verdade durou pouco, faltavam ainda 650 mil pra apurar 1 milhão de reais, mas Matuto lembrou-se que faltavam apenas 3 anos para que ele quitasse seu lote, o que aliviaria mais 1500 reais de seu contracheque, que poderiam ser investidos durante os 5 anos restantes.

Matuto ficou bastante animado, percebeu que foi capaz de abrir mão daquela moto em prol de seu objetivo financeiro e que talvez pudesse abrir mão do sonho de construir uma casa em seu lote, pois assim poderia vendê-lo por mais de 200 mil. Com esse valor poderia quitar os 120 mil que ainda está devendo de seu apartamento, liberando mais 1400 reais (referente às parcelas do apartamento) do contracheque e acumulando aos investimentos todo esse valor, mais os 1500 reais das parcelas do lote, que sobraria mensalmente. No fim dos 8 anos poderia estar bem perto de atingir 1 milhão.

Matuto acreditava que iria se sentir muito mais feliz vivendo no pequeno apartamento, com 1 milhão de reais trabalhando para ele, do que viver em uma boa casa, sem nem um centavo, precisando trabalhar para o governo por mais 15 anos até se aposentar, novamente aturando pressões o tempo todo e destruindo sua saúde e suas noites de sono.

A esposa dele, só não aceitava a hipótese de vender o próprio apartamento para viver de aluguel. Ela dizia que não há dinheiro que se pague o fato de poder adaptar a moradia do jeito que ela quisesse, sem ter um contrato de aluguel que pudesse ser rompido e precisassem se mudar, perdendo assim todas as adaptações.

Como um homem experiente sabe que não se discute com uma mulher teimosa, mesmo ele estando certo, preferiu não colocar o apartamento nos planos de se fazer um milhão de reais, afinal, ter um milhão com uma moradia já paga é melhor do que ter um milhão e precisar pagar um aluguel, assim pensou ele naquele instante, o que mudará mais para frente.

Recapitulando, as despesas mensais de Matuto foram enxugadas ao máximo, o dinheiro do consórcio da moto e as rendas extras recebidas em alguns meses seriam revertidas pra quitar o lote antecipadamente, posteriormente seria vendido para quitar o apartamento, ou, pelo menos seriam liberados 1500 reais do contracheque de Matuto para que pudesse ficar com o lote e quitar o apartamento de forma mais rápida.

Só faltava então iniciar a quitação do lote e depois estudar e fazer todas as análises dessas probabilidades para saber o que seria mais compensativo.

A primeira meta já estava a caminho de ser resolvida, ou seja, as dívidas maiores iriam chegar ao fim em uns 3 anos. Agora faltava analisar os tipos de investimentos que poderiam se encaixar no perfil das finanças de Matuto para tirar o máximo de proveito em rendimentos, pois talvez os juros pagos no lote e apartamento seriam menores que os juros que receberia se investisse o dinheiro. Se assim fosse, não compensaria fazer as quitações e sim investir todos os lucros mensais.

Toda essa história descrita até agora, pode ter sido cansativa para você leitor, mas todos os conhecimentos apontados nesses capítulos não teriam a mesma eficiência se não houvessem fatos verídicos que provassem tais teorias. Se você chegou até aqui é porque sem dúvida está disposto a consertar os erros cometidos em suas finanças. Você aprendeu a ser um poupador e a partir de agora aprenderá como se tornar um investidor.

Capítulo 8 - Passo 2 - Conhecer os melhores investimentos

Falar do quanto Matuto aprendeu sobre investimentos em apenas um livro é praticamente impossível. Diante da sua indignação de ter alcançado o patamar profissional que sempre almejou, mas ainda assim não conseguir ter uma boa qualidade de vida devido às dívidas e condições de trabalho, Matuto chegava a estudar maneiras de aplicar dinheiro durante 20 horas por dia. Mas iremos expor as principais e mais rentáveis formas de investir que ele veio a se interessar e adequar ao seu plano.

Primeiramente, aprendeu que precisava livrar-se das tarifas de suas duas contas correntes em bancos, que lhe custavam mais de 50 reais por mês. Para isso, foi aos bancos e mudou o pacote de serviços para conta eletrônica, que não possui tarifas quando as movimentações são feitas online ou no caixa eletrônico, inclusive TED's para conta em corretoras são feitos gratuitamente. Com a quebra de seus cartões de crédito também estava livre de juros, anuidades e de comprar sem perceber que está gastando.

Depois, fortaleceu a ideia de que investir na poupança a 6% ou 7% a.a. não cobria nem mesmo a inflação de seu país naquele período, ou seja, se seus 1.000 reais compram uma bicicleta hoje, daqui a um ano 1060 ou 1070 reais já não compram mais a mesma bicicleta.

Além disso, a poupança tem o mesmo risco da maioria de outros investimentos em renda fixa, já que se o banco quebrar, a garantia do cliente é o Fundo Garantidor de Crédito - FGC, instituto que paga o prejuízo do cliente até o valor de 250 mil reais. O mesmo acontece com as corretoras, então perca o medo de investir por conta própria, basta que você não extrapole o valor de 250 mil em cada investimento que fizer. Mas como guardar dinheiro mensalmente se não for na poupança?

Títulos Públicos (Tesouro Direto)

Matuto aprendeu que existia o chamado Tesouro Direto, títulos públicos do governo que, no caso o título Selic, possui as mesmas características da poupança, mas paga o dobro de juros. Tudo isso investindo pequenas quantias mês a mês, durante tempo indeterminado, podendo resgatar a qualquer momento. A única desvantagem seria não poder fazer resgates fora dos dias úteis e sem um prazo de 2 dias para que a quantia estivesse disponível, o restante funciona exatamente como uma poupança.

Para fazer tais transações, é preciso abrir conta em uma corretora, na qual você deposita certo valor por meio de TED de sua conta bancária e a partir dali já consegue comprar títulos públicos a partir de 25 reais em média. Na hora de resgatar, basta vender tais títulos e dentro de 2 dias seu dinheiro estará disponível para que seja feito um novo TED da corretora para sua conta bancária.

Outros títulos públicos interessantes são os pré-fixados, são comprados a uma taxa predeterminada, para recebimento em um período também já estipulado, como abril 2029, por exemplo. Nesses casos as taxas podem ser praticadas a 13% a.a, por exemplo, não importando se estarão mais baixas ou mais altas no período final, sendo mantido o acordo feito no momento da compra, desde que o comprador permaneça com o título até o final.

Porém, Matuto chegou a comprar um título prefixado com vencimento em 3 anos, a uma taxa de 13% a.a, que em 3 meses variou para 11% devido a questões macroeconômicas de governo. Com isso Matuto vendeu seu título antes do prazo e chegou a faturar quase 500 reais a mais do que o valor que havia investido. Vamos analisar o porquê disso: A fórmula dos juros compostos é $M = C * (1 + i)^t$, de forma que se você quer encontrar qual o valor do capital investido terá que dividir o montante (M) por (1+i)t, assim, quanto menor for o i (taxa), maior será o valor do seu capital investido. Veja, se 10/2 =5 e 10/5=2, quanto menor for a taxa (denominador) maior será meu capital investido.

Dessa forma se Matuto comprou um título há certa taxa e ela abaixou, o valor do seu capital naquele instante será maior do que o valor no momento em que foi comprado por uma taxa maior. Ou o contrário, se Matuto vende o título antes do prazo final, porém a taxa de juros estivesse maior, seu capital valeria menos do que o valor investido.

Todo esse raciocínio serve para concluirmos que é possível obter ganhos bem maiores do que se acha no tesouro prefixado, bastando comprar com taxa alta e vender antes do vencimento em um momento que a taxa esteja baixa. Matuto comprava títulos prefixados com taxa altas, vendia quando abaixava e aplicava a quantia nos títulos Selic até que o prefixado estivesse novamente com taxas altas. Com isso, chegou a obter 26% de rendimento ao ano.

Também existe o tesouro IPCA, o qual rende uma taxa de 6% a.a., por exemplo, mais a variação da inflação durante aquele período. É uma boa forma de proteger suas poupanças da inflação e ainda ganhar um pequeno juro.

Resumo de como investir: abra uma conta em uma corretora, que demonstre segurança, boas ferramentas e não cobre taxa para custódia de tesouro direto. Transfira o dinheiro de sua conta no banco para a corretora. Pela própria corretora ou pelo site do tesouro direto faça a compra do título desejado de acordo com seu objetivo (Selic, IPCA ou Prefixado). Quando for a hora de vender, faça a venda tanto pelo site da corretora quanto pelo site do tesouro direto e seu dinheiro estará à disposição para resgate (ou novo investimento) na corretora em dois dias úteis após a venda, podendo ser resgatado por meio de TED ao banco no qual você possui conta. Se estiver com medo, faça uma compra mínima, apenas para adquirir confiança.

Títulos privados (LCI, LCA, CDB, Debêntures)

São títulos emitidos por instituições financeiras ou por empresas. Semelhantes aos títulos públicos, são títulos de dívidas dessas instituições privadas. Você, quando compra, adquire o direito de receber o valor aplicado, corrigido a uma taxa de juros, já que o resgate será feito em data futura predeterminada. LCI (letra de crédito imobiliário), LCA (letra de crédito de agronegócio) e CDB (Certificado de depósito bancário) são emitidos por instituições financeiras e as debêntures são emitidas por empresas.

Nos CDB's os bancos podem lhe pagar taxas prefixadas, como 15% a.a., ou pós fixadas de acordo com a variação do CDI (certificado de depósito interbancário). Então um CDB pode pagar uma taxa como 95% do CDI, que hoje é 13,75% a.a., lembrando que os CDB's sofrem ainda desconto de imposto de renda e até 250 mil reais investidos seu dinheiro é garantido pelo FGC.

As LCI's e LCA's funcionam da mesma forma, porém não sofrem incidência do imposto de renda, ou seja, mesmo que rendam apenas 90% do CDI será mais interessante do que um CDB que renda 104% do CDI pelo fato do imposto de renda lhe tomar 15% ao fim do período. Também possuem a garantia do FGC, desde que o valor investido não ultrapasse 250 mil reais, no mesmo título e com o mesmo CPF.

Então esses títulos privados são mais rentáveis que o Tesouro Direto? Sim, as taxas de retorno geralmente são maiores, porém vale ressaltar que os resgates dos valores aplicados têm datas predeterminadas, diferentemente do Tesouro Selic, ou seja, nos títulos privados você investe hoje e só pode fazer o resgate daqui a 3 anos, dependendo do acordo no momento da compra.

As debêntures são empréstimos que o investidor faz a alguma empresa, para receber posteriormente com acréscimo de juros predeterminado. Em alguns casos podem ser isentas de imposto de renda, como empresas construtoras de infraestrutura governamental, tipo a construção de asfalto, por exemplo. Mas atenção, as altas taxas pagas nas debêntures são devidas ao fato do FGC não garantir seu capital, assim, se a empresa não lhe pagar você perde seu dinheiro, por isso, nesse tipo de investimento você deve sim temer e só investir quando for algo de extrema confiança.

Geralmente, todos esses títulos privados exigem 5 mil, 10 mil, 30 mil ou maiores quantias para começar a investir. Já os títulos públicos são negociados a partir de 25 reais dependendo do tipo. Caso você tenha tais quantias, faça a análise de quando pretende resgatar o investimento e compare as taxas de todos eles, levando em conta a incidência ou não do IR, antes de decidir qual dessas rendas fixas será mais adequada ao seu perfil. Cuidado também com as altas taxas cobradas pelos bancos para adquirir tais títulos, o ideal é fazer as análises e compras por meio de uma boa corretora, a XP Investimentos, Easynvest são ótimos exemplos para investimentos em renda fixa e ações, pois além de serem confiáveis tem baixíssimas taxas de corretagem e custódia.

Ações

Outro tipo de investimento utilizado por grandes milionários e bastante estudado por Matuto são ações da bolsa de valores. Surgem quando grandes empresas decidem partir seu patrimônio em diversas cotas, as quais serão negociadas na bolsa de valores, podendo atrair investidores, que compram essas cotas visando receber parte dos lucros das empresas, chamados dividendos, bem como tentando obter ganhos com a valorização do preço das ações. Já as empresas conseguem usufruir desse capital investido pelos novos sócios de maneira com que possam movimentar a empresa com tais quantias.

Para adquirir essas cotas (ações), assim como títulos públicos, basta criar uma conta em uma corretora (que tenha o menor valor possível de corretagem na compra e venda, bem como custódia mensal das ações), escolher uma plataforma online que dê acesso à bolsa de valores (Home Broker da corretora, por exemplo), escolher uma empresa para comprar a ação, efetuar a compra e vender posteriormente mais caro ou permanecer com a ação recebendo parte dos lucros da empresa enquanto for sócio (dividendos).

Mas calma, não é tão simples assim, e por imaginar que é só escolher aleatoriamente, comprar e vender que muitas pessoas ficam pobres investindo na bolsa.

Primeiramente, devemos entender que inúmeras variáveis fazem o preço de uma ação subir ou cair. Vamos dividir essas variáveis em dois grupos mais importantes.

O primeiro grupo trata-se de variação de preço imediata, é o fato da lei da oferta e da demanda, ou seja, assim como o preço do tomate sobe no supermercado quando o produto está em falta e cai quando há muita produção as ações também variam seu preço imediatamente quando existe variação entre demanda e oferta. A notícia de que o presidente da república pode cortar relações com certo país, por exemplo, pode refletir em queda do valor das ações, ainda que isso não venha a acontecer, mas a expectativa é capaz de gerar variações de preço.

A bolsa de valores oscila o tempo inteiro, bastando que haja muita compra naquele momento, ou muita venda. Por isso as pessoas perdem dinheiro, já que fazem compras aleatoriamente e ficam tentando adivinhar se a ação comprada irá subir ou cair de preço instantaneamente, ou seja, trata-se de especulação e até mesmo de contar com a sorte, pois tudo pode acontecer.

Já o segundo grupo, trata-se de variação no preço em longo prazo, sendo esta a estratégia adotada por Matuto. Nessa estratégia, é observado o fato de uma empresa ter aumento ou queda no preço de suas ações de acordo com a saúde das finanças de sua corporação. Por exemplo, a Petrobrás terá um valor X de lucros nesse ano, mas ano que vem está previsto um lucro X+1, o que sem dúvida possibilitará a essa empresa pagar mais dividendos (distribuição de parte dos lucros) aos donos de suas ações do que ano passado e em consequência o preço da ação deverá ser mais alto, já que terá mais procura.

Mas aí você deve estar se perguntando como saber se os lucros de uma empresa serão melhores ou piores nos próximos anos. Matuto analisa uma diversidade de resultados da empresa para saber se ela estará ou não agregando valor em suas ações em um período próximo. Dentre diversos autores que tratam a respeito dessas análises, chamadas fundamentalistas, Matuto costuma utilizar um checklist desenvolvido pelo investidor André Fogaça para que possa comprar ações com maior segurança de que elas vão apresentar alta nos preços em longo prazo (de 1 mês a 5 anos em média).

Esse checklist apresenta os seguintes critérios: Se o valor de mercado da empresa é maior que 500 milhões, se há algum nível de liderança corporativa na empresa, se há liquidez na hora de se desfazer das ações, se o retorno (lucro da empresa) dividido pelo patrimônio líquido da empresa é de pelo menos 20%, se a dívida bruta da empresa dividida pelo patrimônio líquido é de no máximo 50%, se o crescimento nos lucros da empresa é de pelo menos 5%a.a, se existem lucros constantes pelo menos nos últimos 5 anos, se a empresa distribuiu dividendos nos últimos 5 anos, se a ação não está cara (seu preço atual não exceda 1,5 vezes o valor patrimonial por ação, que por sua vez seria o patrimônio líquido/número de ações), e se o preço de cotação da ação dividido pelo lucro por ação é de no máximo 15 vezes.

Para iniciantes são critérios que parecem bastante complexos de se entender, porém diversos sites e programas online podem mostrar tais análises. Depois de obtê-las, o investidor terá um filtro de quais empresas estão com resultados que lhe interessam. Após esse filtro, Matuto costuma utilizar uma filosofia chamada investimento em valor, que segundo Warren Buffet seria a estratégia de comprar boas ações abaixo do preço que realmente valem. Para isso, Matuto faz uma planilha utilizando as boas ações já filtradas, escolhe as empresas que possuem maior retorno sobre o patrimônio líquido (empresas com melhores lucros comparados ao seu capital), bem como as que possuem a menor relação de preço de cotação divido por lucro por ação (empresas com ações mais baratas).

Diante dessas duas variáveis, Matuto elabora um ranking das empresas com melhor margem de segurança, ou seja, valor de mercado baixo e preço justo alto. Exemplo, a empresa Itaúsa (ação ITSA4) está com preço de mercado a 8 reais por ação, porém estima-se que o preço justo da ação, tendo em vista seus números e projeções futuras, é de cerca de 20 reais por ação, o que dá uma margem de segurança mais ou menos de 60% ao investidor interessado. Significa então que você tem grande chance de pagar 800 reais em 100 ações, das quais irá receber os dividendos distribuídos pela empresa enquanto manter-se com elas, e provavelmente, 2, 3 ou mais anos depois poderá vender as 100 cotas por um preço aproximado a 2 mil reais.

Aquela confusão de filtros, que pareciam ser complicados, agora com o exemplo parece ser uma estratégia muito fácil, tão fácil que nos perguntamos por que as pessoas que aplicam em longo prazo na bolsa de valores não são todas milionárias. Simplesmente porque não quer dizer que pelo fato da empresa ter bons números e a ação estar barata ela não venha a sofrer mais quedas antes que possam subir para seu valor intrínseco. Exatamente, não existem ações que são compradas e apenas subam seu valor, elas sobem e descem movidas pela oferta e demanda daquele momento e isso faz alguns investidores agir pela emoção e vendê-las quando tem uma pequena queda movida por reações momentâneas de mercado.

Nesse caso, Matuto agia contra a "manada", quando suas boas ações caiam de preço, aí sim ele comprava mais e esperava que seu valor real viesse com o passar do tempo, chegou a ver ações compradas por 10 reais caírem para menos de 8, e após muitas pessoas terem vendido, os reais números de a empresa voltarem a atrair grandes investidores devido aos bons lucros e essa mesma ação atingir 14 reais, 6 meses depois.

Nada contra os chamados trader's que compram e vendem ações o dia inteiro, baseada em análises de gráficos que acompanham as tendências de determinados papéis. O mercado de bolsas até precisa desses caras para dar mais liquidez nas vendas, porém o fato de um gráfico demonstrar que uma ação vem subindo durante um período não quer dizer que ela continuará a subir dali para frente. Por isso Matuto era bastante conservador e só utilizava as análises fundamentalistas, focando-se no longo prazo e na confiança de que os reais resultados de uma empresa é que realmente determinam se ela será ou não um grande alvo de investidores num futuro próximo. Veremos mais a frente sobre essas estratégias de curto prazo.

Outro ponto que Matuto precisava ter cuidado ao investir em ações era pelo fato de haver corretagens para compra e venda, bem como custódia mensal pra manter-se com uma ação. Se um investidor que só tem 2 mil reais para investir ao mês em ações, compra 100 papéis de 20 reais, paga 30 reais de corretagem de compra e venda e mais 200 reais de custódia durante 10 meses, ele precisaria que o preço da ação subisse para 43 reais nesse período, para depois começar a lucrar. Então você deve aplicar bastante dinheiro ou escolher uma corretora que lhe passe segurança, boas ferramentas para negociar os papéis, mas principalmente, boas taxas de corretagem e quem sabe até cobrança zero de custódia. Só assim pode-se lucrar com ações investindo pouco.

Resumo de como investir: abra uma conta em uma corretora, escolha um site que faça um filtro com as análises fundamentalistas das ações disponíveis na bolsa, monte uma planilha comparando as ações filtradas com melhores retornos e menores preços em relação lucro por ação. Transfira o dinheiro de seu banco para a corretora, entre na plataforma de negociação da bolsa, faça a compra. Depois, pelo menos uma vez ao mês acompanhe a cotação e reveja os números da empresa, venda as ações apenas quando o preço de cotação estiver próximo ao preço justo. Ou até mesmo mantenha sua posição, caso os dividendos pagos estejam lhe rendendo pelo menos 10% a.a. de retorno sobre o valor investido. Após a venda seu dinheiro estará à disposição na corretora para investir novamente ou fazer o resgate por meio de TED para sua conta no banco.

Fundo Imobiliários - FII's

Fundos imobiliários também são investimentos bastante explorados por Matuto. Assim como você compra uma casa para alugar, ganha mensalmente com o aluguel e ao longo do tempo com a valorização do imóvel, você pode ter ganhos duplos com os fundos imobiliários, que são basicamente imóveis para alugar, gerenciados por uma administradora que divide esses valiosos bens em diversas cotas, dando a você a oportunidade de poder comprar partes desses empreendimentos de forma que receba alugueis proporcionais ao valor que investiu e ainda usufrua da valorização de suas cotas.

A diferença principal entre comprar um desses fundos ou comprar um imóvel por completo é que você não tem burocracia (impostos, contratos, manutenções, reformas) e tem a possibilidade de começar a investir em imóveis com apenas 100 reais, ou até menos se a cota estiver com desconto. Assim como acontece nas ações de empresas, as cotas dos fundos imobiliários oscilam seus preços o tempo todo (de acordo com a oferta e demanda) e podem ser negociadas na bolsa de valores. Outra semelhança com as ações são o recebimento de dividendos (no caso aluguéis), ou seja, a administradora recebe os aluguéis e distribuem entre os cotistas.

Portanto, da mesma forma que uma empresa divide seus lucros entre os sócios, os empreendimentos imobiliários dividem seus lucros com aluguéis aos cotistas. Devido a isso, para investir em tais fundos, é primordial saber qual o percentual de repartições do imóvel está alugado (se há vacância); qual o tempo ainda resta para o fim dos principais contratos com inquilinos; quais as taxas de administração são descontadas, bem como corretagens para compra, venda e custódia das cotas.

Um condomínio com salas comerciais, em um grande centro urbano, por exemplo, pode render um percentual de retorno em aluguéis absolutamente maior do que uma casa que você venha a comprar em um bairro de sua cidade. Por isso, esse percentual, também chamado de Dividend Yield (assim como em ações) é influenciado pela localização do imóvel, além de seu tamanho, estrutura e outras características. Cabe ao investidor, estudar a fundo todas essas condições, afinal, não se compra "papéis" de fundos imobiliários, mas sim partes de imóveis que realmente existem.

Vamos exemplificar o edifício Torre Almirante (ALMI11B) que possui um ótimo retorno sobre o valor investido pelo cotista no último ano (Dividend Yield), chegando a 14,18% nos últimos 12 meses. O preço de suas cotas está em um ótimo momento para compra já que estão valendo apenas 62% do que deveria (desconto de 38%). Porém, ao estudarmos o motivo de um imóvel tão rentável aos cotistas ter cotas com um preço tão abaixo do normal conseguimos verificar que um grande percentual de suas salas estão locadas à Petrobrás, a qual anunciou que pretende desocupar o imóvel antes mesmo do fim de seus contratos, o que pode ocorrer dentro de alguns meses.

Essa é uma demonstração real de que nos investimentos em FII's não basta saber se o Dividend

Yield é mais rentável e se o preço da cota dividido pelo valor patrimonial (P/VPA) é compensatório, pois outras informações podem ser determinantes para a mudança desse cenário de lucros nos próximos meses.

Sites como Clube FII podem fornecer a maioria dessas informações, inclusive demonstrando Rankings dos melhores fundos para se investir. Basta fazer a compra certa para se ter retorno de cerca de 11% a 20% em aluguéis, bem como valorização das cotas. Tais lucros juntos podem proporcionar retornos de até 40% ao ano.

Resumo para investir em FII's: ter conta em uma corretora que cobre baixa taxa de corretagem nesse tipo de investimento, baixa taxa ou taxa zero de custódia, escolher um fundo com maior Dividend Yield e menor P/VPA, estudar demais informações sobre o fundo (local, taxa de administração, vacância, fim dos contratos, entre outras), fazer a compra por meio da corretora.

Vale lembrar que todos os investimentos descritos anteriormente, títulos públicos, ações e maioria das rendas fixas possuem desconto de imposto de renda, sendo que a variação das alíquotas depende de quanto tempo seu investimento fica aplicado, seis meses, um ano, dois anos. Assim quanto mais tempo você mantém a aplicação menor será a taxa de imposto de renda a pagar, variando entre 22,5% até 15%. Já no caso dos FII's só há cobrança de imposto de renda na variação do valor das cotas, não havendo cobrança nos recebimentos dos aluguéis mensais, ao contrário de imóveis físicos nos quais é preciso declarar recebimento em aluguéis.

Assim, uma boa estratégia que Matuto utiliza é sempre deixar o investimento aplicado um dia a mais do que os períodos desejados, tipo 1 ano e 1 um dia para um investimento com previsão de 1 ano. Dessa forma incorrerá em uma alíquota mais favorável.

Compra e venda de bens

Mas ainda com todos esses estudos, nenhum investimento é considerado tão rentável por Matuto como comprar algo, principalmente imóveis, há um preço abaixo do que realmente vale. Porém financiar imóveis é a pior escolha a ser feita, como já vimos. Já o fato de comprá-los a vista em épocas de melhorias em um bairro, ou crise financeira do vendedor, pode render um lucro inalcançável em qualquer outro investimento (a não ser alguns trader's experientes que obtém ganhos de 150 mil reais em duas horas operando na bolsa).

Saber quando vender também é essencial, já que após um lote, por exemplo, receber infraestrutura, construções importantes nos arredores evidentemente sua valorização tende a ser mais lenta dali para frente, o que não será interessante para fins de lucro.

Quando se tem o conhecimento de quanto vale algo realmente, e há dinheiro em caixa para comprá-lo, vender é questão de pouco tempo. Os ganhos são certos, principalmente se a qualidade do bem comprado puder ser melhorada para o momento da venda, como é o caso de pintar uma residência após a compra e antes da venda, ou furar um poço em sítio onde antes não havia água. Tudo que antes havia defeitos e agora não há pode ter um valor agregado muito maior do que o custo da benfeitoria executada.

Matuto viu pessoas comprarem casas inacabadas pelos donos apenas pelo preço de que estes haviam gasto, algo que com um pouco mais de dinheiro e tempo era terminado e agregava um valor de até 50% a mais do que todo o dinheiro investido.

Em outros casos, casas em leilões judiciais foram arrematadas por compradores que antes mesmo de pagar o imóvel já conseguiam vendê-lo pelo dobro do preço. Muitas vezes dava-se o lance nesse tipo de imóvel sem ao menos ter um tostão no bolso e ao final ganhava-se o dobro sem ter investido nem um centavo.

Existem sites que ofertam imóveis em leilões o tempo todo, bastando que o interessado tenha um cadastro para que possa negociar online. Essa estratégia pode ser também muito lucrativa na compra de veículos com preços muito abaixo da tabela FIPE, cerca de 60% mais baratos, por motivos de pequenos acidentes ou falta de pagamento de parcelas. Um amigo de Matuto chegou a pagar 11500 reais em uma moto, com valor de tabela de 34 mil, gastando 500 reais de combustível para buscá-la na cidade onde ocorreu o leilão, 2000 reais de pagamento de IPVA, 3000 reais para a troca de peças danificadas. O sonho de Matuto, que antes lhe custaria quase 50 mil reais pagando um consórcio de uma motocicleta do mesmo modelo, custara ao amigo 17 mil reais. Logicamente devido ao objetivo principal do amigo não ser este, vendeu a motocicleta por 33 mil, dois meses depois.

Day trades

A forma mais rápida de ganhar muito dinheiro em investimentos são as compras e vendas de papéis negociados em bolsa durante suas variações diárias. Por meio de análises gráficas, os investidores tentam acertar as tendências do mercado nos próximos minutos ou horas, seja negociando ações, opções, dólar, índices, entre outros.

Além de exigir tempo, essas movimentações podem trazer prejuízos grandes, mas com o uso de ferramentas e estratégias corretas geram ganhos não adquiridos em qualquer investimento de longo prazo, logicamente se o risco é alto, os ganhos ou perdas também serão. Esse tipo de investimento atrai a maioria dos investidores, exatamente por ser mais prazeroso e motivador ganhar dinheiro em pouco tempo.

Diversas corretoras e empresas do ramo possuem especialistas que passam o dia todo analisando as variações dos papéis e até indicando compras ou vendas aos clientes, porém cobram preços caros pelo serviço, além disso, as taxas de corretagem são constantes durante suas entradas e saídas, o que diminui seus lucros e aumenta seus prejuízos.

A melhor forma de fazer day trades é apostar somente aquele dinheiro que você lucrou a mais do que o esperado em outro investimento (dinheiro que você não ficaria comprometido sem ele). É preciso conhecer muito sobre o assunto e usar a razão a todo momento para não ceder às emoções e sair das estratégias. A mais comum delas é operar com diversos papéis durante o dia, determinando valores aceitáveis de perda e também valores de lucros, assim a plataforma vende seus papéis automaticamente quando o preço determinado é alcançado, seja ele de lucro ou prejuízo.

Estas foram apenas algumas demonstrações de como conseguir renda extra, alavancando o pouco que ganhamos com o trabalho assalariado. Com criatividade, conhecimento e dedicação, são inúmeras as formas de multiplicar a renda honestamente, como se outras pessoas estivessem trabalhando por nós, assim dizia Matuto.

Capítulo 9 - Passo 3 - Montar uma carteira de investimentos de acordo com seu perfil

Antes de falar em montar uma carteira de investimentos, é extremamente importante lembrar que ninguém conseguirá seguir um plano financeiro se nele não tiver reservado parte do que você ganha para gastos com lazer e diversão. Primeiro porque a vida se tornará frustrante e é bem provável que você não terá estímulo para seguir seu plano até o fim. Segundo porque realmente ninguém sabe o dia de amanhã. Então, antes de separar valores para investir, separe certa quantia para se divertir.

Também não esqueça de separar um valor de pelo menos três salários mensais como reserva para alguma emergência, pois quando elas ocorrerem não prejudicarão a continuidade do seu plano de investimentos, evitando que um imprevisto lhe faça desistir. Feito isso é hora de aplicar com inteligência e buscar os melhores retornos.

A verdade é que o melhor investimento nem sempre é aquele apontado por um especialista como campeão em rentabilidade, pois irá variar de acordo com o objetivo e perfil de cada investidor. Para Matuto, não havia algo mais rentável inicialmente do que aplicar suas economias de 800 reais mensais no Tesouro Selic, que rendia 14,25% a.a. naquela época de crise, pois possibilitava depósitos mensais acumulativos e possuía liquidez imediata, já que os resgates poderiam ser feitos em qualquer data.

Com certeza você pode estar se questionando que podem existir investimentos melhores do que este. E acertou, porém, para as pequenas quantias que Matuto poupava todo mês não era possível, por exemplo, investir em uma LCI que rendesse 16% a.a., bem como tal investimento tem data prefixada para resgate, o que também não era interessante para Matuto, já que todo mês de julho as parcelas de seu lote eram recalculadas com base no índice geral de preços médios - IGPM. Em média, aumentavam cerca de 150 reais no valor dessas parcelas, o que totalizava mais ou menos 11% de acréscimo em cada parcela todas as vezes que entrava o mês de agosto.

Assim, Matuto aplicava suas economias mensais de agosto a junho no Tesouro Selic, ganhando 14,25% a.a., sendo que nos meses de julho resgatava todo o valor acumulado durante os 12 meses e quitava parcelas de seu lote antecipadamente, até o limite que aquele dinheiro resgatado desse. Isso lhe possibilitava não ter que arcar com 11% de aumento nos últimos meses do pagamento do lote, ou seja, acumulava o rendimento dos investimentos com a quitação do lote. Assim seus ganhos eram de cerca de 24% ao ano, bem melhor que uma LCI a 16%.

Por esse motivo, não acredite em todos os especialistas em investimentos, muito menos nos gerentes do banco (que trabalham para o banco e não para você). Mesmo que eles te orientem a fazer certa aplicação, nem sempre ela será a melhor para o que você realmente precisa. O principal fator que determina qual será investimento mais rentável para você vai depender da finalidade que você terá com aquele dinheiro.

Tudo bem, existem vantagens e desvantagens entre os diversos investimentos de renda fixa, dependendo do seu objetivo com tal valor investido, mas suponhamos que você tenha 30 mil reais para investir durante 2 anos, nesse caso qual é o investimento mais rentável? Tesouro direto, CDB, LCI ou outros?

Essa é uma pergunta que investidores de todo o Brasil fazem a todo momento. Temos que entender que o tesouro direto (principalmente o tesouro Selic) geralmente acompanha a taxa Selic. Essa taxa é muito próxima da taxa do CDI, hoje ambas as taxas estão em torno de 14% a.a.. Como os CDB's são indexados à taxa do CDI e o tesouro direto é indexado à taxa Selic, podemos dizer que investir em um CDB que pague 100% do CDI (14% a.a.) dará um rendimento igual a um investimento no tesouro direto pagando o valor da taxa Selic (14% a.a.). Isso ocorre porque um CDB que pague 110% do CDI (14%+10%) irá render 10% a mais que o tesouro Selic (14%), porém se o CDB pagar apenas 90% do CDI (14%-10%) renderá 10% a menos.

É uma comparação óbvia, porém não é tão simples quando comparamos os rendimentos do CDB e do Tesouro Selic com os rendimentos de uma LCI ou LCA, pois estas não possuem incidência de imposto de renda. Sabemos que após dois anos que o dinheiro permanece investido no CDB ou tesouro direto a alíquota do IR é de 15%. Portanto, uma LCI ou LCA que renda 85% do CDI tem rendimento praticamente igual a um CDB que renda 100% do CDI, bem como também tem rendimento igual ao Tesouro Selic que rende 100% da taxa Selic.

Assim, respondendo objetivamente a pergunta, significa que uma LCI com prazo de 2 anos, que renda mais que 85% do CDI, é mais rentável que um CDB que renda 100% do CDI e mais rentável que um investimento de 2 anos no Tesouro Selic (já que nestes dois últimos é preciso pagar 15% de IR ao Governo). Assim como um CDB que renda mais de 100% do CDI é mais rentável que uma LCI que renda até 85% do CDI e mais rentável que o tesouro Selic. Por isso sempre compare esses investimentos considerando tais valores como base, assim saberá qual deles compensará mais.

Voltando ao caso de Matuto, dois anos seria o tempo que Matuto levaria para quitar seu lote utilizando aplicações no Tesouro Selic, já que ainda haviam cerca de 48 parcelas a serem pagas. Mas certo dia, o avô de Matuto comentou que possuía uma boa quantia de dinheiro no banco (poupança), porém, com a frustração do rendimento ser mínimo, ele havia emprestado algumas partes para filhos e netos com maior necessidade, a juros praticamente insignificantes. Foi aí que no próximo mês de julho Matuto pegou com o avô cerca de 15 mil reais emprestados, e mais 5 mil com sua esposa, assim quitou o restante do lote, antecipando mais de um ano em prestações, o que evitou que desembolsasse quase 3 mil em juros.

Dessa forma, Matuto ficou livre de tais parcelas, que lhe possibilitaram aumentar sua poupança mensal de 800 para 2300 reais (somou os 1500 que pagava do lote aos 800 que já poupava). Assim, em seis meses já havia conseguido pagar o avô pelo empréstimo, juntando as economias com o valor de seu 13º salário.

Nesta fase, Matuto pensava seriamente em vender o lote, que já valia cerca de 200 mil reais, pois poderia quitar os 120 mil que ainda devia de seu apartamento e investir os outros 80 mil que sobrassem em alguma renda fixa, (aí sim uma LCI a 16% do CDI seria ótimo). Desta maneira, Matuto ficaria livre de mais uma dívida mensal de 1500 reais de parcela, ou seja, de 2300 que ele investia, poderia começar a investir 3800, sem contar que já teria 80 mil na conta de sua corretora para iniciar suas aplicações rumo a 1 milhão de reais.

Acontece que esses 80 mil, somados de mais 3800 reais mensais, durante os 88 meses que faltavam para a data prevista por Matuto para atingir seu primeiro milhão, só somariam 682 mil com juros de 0,9% a.m., e tentar uma rentabilidade maior, sujeitaria Matuto a correr alguns riscos, que somente seriam minimizados se houvesse bastante estudo. Provavelmente, outros benefícios salariais recebidos por Matuto nesse período, mais os aumentos concedidos pelo governo, se houvessem, poderiam ser até suficientes para chegar ao primeiro milhão.

Por envolver então uma análise macroeconômica do Brasil, Matuto preferiu não contar com "gracejos" do governo, já que a crise prometia inclusive a aprovação de emendas constitucionais de congelamentos de gastos públicos, entre eles o salário dos servidores e aposentadoria apenas após 65 anos. Em contrapartida a crise já prometia estar chegando ao fim, as taxas de juros prometiam cair e talvez 0,9% a.m. não seria mais um retorno garantido em investimentos de renda fixa.

Matuto precisava de uma carteira de investimentos mais sólida, mas também percebeu que era a hora da bolsa de valores voltar a crescer, bem como os preços de imóveis voltarem a subir, já que as taxas de juros dos bancos caíram e estes voltaram a lançar crédito para a população.

Pensando em tal solidez em seus investimentos, Matuto resolveu ficar com o lote, já que apostava bastante na revalorização de imóveis em seu país a partir daquela situação econômica, não que contasse com uma valorização maior do que 0,9% a.m., mas sim porque sabia que um investimento de 350 mil em uma casa em um lugar tão cobiçado poderiam lhe render cerca de 800 mil reais na hora de vender.

Ele pegou a quantia de mais dois meses de poupança, cerca de 7.500 reais, aplicou 90% do valor em rendas fixas com os rendimentos mais altos naquele momento. Escolheu entre CDB's, LCI's, e títulos públicos o que fosse mais rentável para um período de 1 ano, e todos os meses ele fazia aportes nesse mesmo investimento com cerca de 90% do valor economizado no mês. Nesta aplicação, livre de todos os descontos, inclusive da inflação prevista para tal período, Matuto conseguia um retorno de 11% a.a. sobre o capital investido.

O restante de suas economias, ele aplicou 5% em ações de uma empresa que demonstrava ótimos números, mesmo com aqueles dois anos em plena crise. E já que confiava em sua análise, toda vez que lei da oferta e demanda fazia o preço da ação cair significativamente, ao invés de assustar e vender suas cotas, Matuto comprava mais, bem como continuava analisando outras boas empresas e comprando mais ações quando percebia que os preços estavam com pelo menos 50% de desconto (margem de segurança) do que realmente valiam.

Os 5% restantes de suas economias Matuto analisava fundos imobiliários, praticamente com a mesma teoria que utilizava nas ações da bolsa, ou seja, procurava bons imóveis, a preços menores que o valor real, que rendessem as maiores quantias em alugueis, distribuindo tais valores aos seus cotistas. Com isso ganhava mensalmente pelo recebimento de alugueis, bem como com o retorno dos imóveis ao seu valor intrínseco, o que valorizava suas cotas.

Com essas três aplicações, em menos de 2 anos, Matuto possuía cerca de 100 mil reais em renda fixa, era dono 5.000 ações em cinco diferentes empresas e de 300 cotas em cinco fundos imobiliários. A renda fixa rendeu cerca de 11%, o que possibilitava a ele arriscar 11% de seus investimentos em ações e fundos imobiliários, que na verdade, com base em seus estudos e estratégias cada um deles rendeu cerca de 30% a.a. trazendo um ótimo acúmulo ao patrimônio do investidor.

Observe que Matuto investia em renda variável apenas quantias referentes ao valor que lucrava em juros da renda fixa (11%), de forma que se perdesse dinheiro, pelo menos o valor poupado não seria comprometido. Essa estratégia é conhecida como risco zero.

Ainda não era o suficiente para Matuto construir uma casa de 350 mil em seu lote, e vendê-la por 800 mil, mas foi o suficiente para quitar seu apartamento e aproveitar uma oportunidade que surgira em um sítio próximo ao terreno de seus pais. Matuto ofereceu 45 mil em 3 hectares de terra que estavam sendo vendidas a 60 mil, pagou 30 mil a vista e em mais 6 meses quitou os outros 15 mil que novamente haviam sido emprestados pelo avô.

Durante esse tempo, Matuto fez uma cerca boa na propriedade, com saída para a rodovia, instalou um recipiente no brejo aos fundos para que o gado pudesse tomar água, sem danificar a pequena reserva ambiental, e valorizou o terreno em mais 30 mil, já que agora recebeu proposta de compra a 75 mil reais.

Matuto não vendeu, pois colocou dez bezerras na pastagem. Gastando apenas dois sacos de sal no ano e algumas vacinas, conseguia vendê-las por 2500 reais, sendo que havia pagado apenas 500. Parecia ser melhor ter vendido o terreno e o apartamento para a construção da casa no lote e posterior venda desta, mas Matuto calculou o valor que pagaria de aluguel de uma nova moradia e decidiu que seria melhor permanecer com o apartamento e o terreno rural, a princípio, pois o aluguel na sua cidade havia subido bastante e por esse motivo algumas pessoas estavam inclusive alugando imóveis rurais.

Parece que o Matuto, após tantos erros passados, aprendeu mesmo a construir dinheiro, pois percebendo o alto valor que um amigo pagou em um aluguel de uma chácara para a realização de uma festa de um aniversário, Matuto construiu uma pequena casa de dois quartos em seu sítio, porém fez uma grande varanda e uma piscina com um pequeno jardim, passando a alugar a casa por 500 reais por quatro dias durante os finais de semana.

Quando Matuto passou a receber tais alugueis, mais seu salário que já havia aumentado, mais o lucro com a venda das bezerras inseminadas, já conseguia fazer todas as suas despesas e sobravam 6 mil reais para investir, faltando ainda mais de 3 anos para a data estipulada pra tornar-se independente financeiramente.

Por mais dois anos, Matuto obteve bastante sucesso em seus investimentos de renda variável, e os aportes semestrais que fazia, repassando quantia excedentes dos 10% em renda variável para os 90% em renda fixa, já lhe possibilitavam iniciar a construção da casa em seu lote (estratégia de realocação de ativos).

Iniciada a obra, Matuto obteve ajuda da esposa, engenheira, e não mediu esforços em ajudar os pedreiros, até mesmo como forma de manter o controle do serviço, comprava materlals a vista e quando possível direto do fabricante, de modo que em 1 ano concluiu a obra, gastando pouco mais de 350 mil. Não era uma casa enorme, porém bem espaçosa, moderna e com uma ótima área de lazer aos fundos. A esposa ajudou bastante e os investimentos de Matuto e suas rendas foram suficientes para terminar a construção sem vender o apartamento.

Agora sim, o sítio valia mais de 200 mil, o apartamento mais de 300 e a casa poderia ser vendida logo com o preço de 800 mil, com mais 3 meses que faltavam para a data X, estipulada por Matuto, ele poderia ter 1 milhão e 300 mil reais na mão. Só faltava partir para a fase mais desejada, a independência.

Viu que não é impossível acumular um milhão em 8 anos, mesmo ganhando pouco. Os primeiros 100 mil são complicados, mas quando os juros compostos começam a aumentar seu efeito ao longo do tempo os ganhos são incríveis.

Sei que todos irão duvidar, mas Matuto vendeu a casa, pois 800 mil rendia 8 mil por mês em investimentos de renda fixa, e daria pra pagar um aluguel de qualquer mansão que houvesse em sua cidade. Vendeu o apartamento, pois no mesmo investimento, renderia 3 mil todo mês, valor este que era mais compensativo do que receber aluguel de um inquilino (1300 reais). O sítio ele manteve, pois com os 200 mil que valia, e a renda com alugueis e gado podia-se ter um retorno maior do que apenas 1% ao mês, além de sua família também poder usufruir daquele lugar tranquilo.

Milionários nunca param de tomar decisões no sentido de sempre acumular mais e mais dinheiro, mesmo que precisem abrir mão de seus bens de maior estima. Já a maioria das outras pessoas, nunca venderiam uma casa como a que Matuto havia acabado de construir. É realmente uma decisão difícil, desfazer de um imóvel com tamanha estima, parece até que a vida então não tenha sentido, pois você luta por muitos anos, alcança um sonho e aí se livra dele.

Na verdade, ser dono da casa é apenas questão de vaidade, pois o vizinho rico em frente está alugando uma elegante residência, praticamente do mesmo padrão, por 2 mil mensais, e Matuto pode vender a casa dele por 800 mil, receber 8 mil por mês em um investimento seguro a 1%, pagando então 2 mil de aluguel por uma casa igual. Será que compensa perder esses 6 mil todos os meses apenas para sustentar o ego de dizer que é dono de uma bela casa?

Portanto, perceba que a carteira de investimentos escolhida por Matuto, foi disciplinarmente seguida com 90% cm renda fixa e 10% em renda variável, sempre realocando suas aplicações quando o percentual alterasse, porém, todas as vezes que Matuto via uma oportunidade de comprar um imóvel barato, ele adequava sua estratégia, de modo que seu dinheiro passava a render bem mais.

A realocação dos ativos entre as rendas fixas e variáveis fazem com que sua carteira de investimentos esteja sempre equilibrada. Além disso, indiretamente essas realocações fazem com que você compre renda variável na baixa e venda na alta.

Vejamos, se hoje você possui 90% em renda fixa e 10% em renda variável e daqui a 6 meses essa proporção passa a ser de 95% e 5%, quer dizer que sua renda variável está em um período de baixa, pois está rendendo menos que a renda fixa. Assim, tirando 5% da renda fixa, você estará vendendo títulos públicos na alta (por exemplo). Ao comprar esses 5% em renda variável, você estará comprando ações na baixa (outro exemplo). Dessa forma, sem enxergar, você vendeu títulos caros e comprou ações baratas.

As rendas geradas com investimentos, são planejadas dia a dia e, principalmente os ganhos sobre a renda fixa, que aceitam previsões para períodos maiores que 5 ou 50 anos. Mas imagina ficar 50 anos ganhando somente aquilo que se planejou ganhar! Somas de grandes períodos com juros compostos, mesmo sendo assustadoramente compensativas, podem levar certa desmotivação ao investidor, pois boas surpresas ao longo do caminho sempre retomam a sua inspiração, deixando-o contente e orgulhoso por chegar a um nível acima do esperado.

Da mesma forma, prejuízos também são aproveitáveis (desde que dentro dos limites), pois quando estão dentro da estratégia do "risco zero", são perdas que motivam novas arrancadas, capazes de superar em várias vezes o dinheiro perdido anteriormente.

O que quero dizer é que você não deve desistir no meio do caminho, pois ainda quando sentir-se cansado de dedicar ao seu plano, possivelmente acontecerão eventos que poderão atribuir um capital inesperado ao seu patrimônio líquido. Falo isso pelo fato de que bastou Matuto sentir que dominava os princípios básicos para se tornar rico que ele rapidamente viu nisso uma forma de ganhar dinheiro ensinando outras pessoas com tais conhecimentos por meio deste livro, sim esse livro é de autoria dele, logo iremos falar disso.

Negócios simples, que a princípio pareciam estar diminuindo o dinheiro que Matuto investia em títulos públicos, e que iriam impedir o recebimento de mais juros ao longo tempo, nem sempre são más negócios, como foi o caso da compra do terreno na zona rural, o que proporcionou ganhos na valorização do imóvel, diante das benfeitorias construídas, bem como ganhos com a criação de gado, estes que por sinal geram renda em seu crescimento, engorda, produção de leite e multiplicação da espécie.

O desenvolvimento de produtos patenteados, apesar de não terem entrado na "carteira de riqueza" de Matuto, também podem ser totalmente eficazes na renda permanente de seu criador, como um cobertor com mangas para enfiar os braços, criado por Scott Boilen há muitos anos que lhe rendem parte do lucro na peça vendida por 15 dólares até hoje. A famosa carinha amarela sorridente (yellow smiley face), usada em postagens de redes sociais, foi criada por Charlie Ball, mas somente foi patenteada por Bernard e Murray Spain, que a venderam por 500 milhões de dólares. Então, se você tem essa oportunidade, não a desperdice, comece já.

Seja por meio dos investimentos online existentes hoje, em que você nem mesmo toca no dinheiro, e por meio da compra dos ativos certos, nos quais você percebe sua riqueza aumentando e sua aposentadoria própria chegando, ou ainda por meio da compra de coisas sólidas como casas e terrenos, tenha a consciência de que todos esses bens são bens concretos, por mais que pareçam apenas de papéis negociados em bolsa.

Para alcançar a independência financeira, lembre-se, economizar é fazer sobrar dinheiro no fim do mês; poupar é não gastar esse dinheiro, com um celular novo por exemplo; investir é aplicar o dinheiro poupado de forma a atingir seu objetivo em longo prazo.

Você leitor, que não quer preocupações com construção civil, imóveis rurais ou qualquer outro tipo de aplicação que exija trabalho, também pode chegar ao ponto de viver da renda de investimentos sem correr riscos. Pense, se com mil reais de salário você conseguir poupar 300 reais e aplicá-los em uma renda fixa com taxa de 0,95% a.m., em apenas 13 anos você terá a quantia de 105 mil reais. Esse montante irá render 997 reais em juros todos os meses para que você possa resgatá-los mensalmente e consideravelmente se aposentar com os mesmos mil reais que você recebe do seu trabalho. Nosso personagem, apesar de não ter usado apenas a renda fixa, conseguiu exatamente a façanha de poder se aposentar em oito anos ou multiplicar por dois a sua renda nesse mesmo período, se ainda quiser trabalhar.

Bacana a fase de acumulação de Matuto, mas e aí, ele não tinha mais casa, nem apartamento, não podia morar no sítio pois queria receber algueis de eventos em finais de semana, tinha 1 milhão e 100 mil reais na mão, mas como viveria bem e poderia proteger esse patrimônio?

Capítulo 10 - Passo Final - Fontes de renda passiva, como viver delas?

Esqueça um pouco Matuto, pense em você, está pronto para começar a agir e ter um milhão na mão? Sei que a maioria responderá que não, que é um longo trajeto, que irão considerar que Matuto teve sorte. Mas não foi sorte, foi aproveitamento de oportunidades, que afinal, surgem para todo mundo.

Para começar a aprender como viver da renda que você construiu, saiba que, apesar de todo o valor que nossos antepassados dão ao trabalho, na renda ativa você se esforça e depois recebe, quem paga pelo seu esforço pode um dia não precisar dele e ainda que precise, um dia você não poderá mais se esforçar, você estará sempre sujeito a muitos imprevistos se depender apenas dessa renda, e do que valerá aposentar-se quando não puder mais esforçar nem mesmo pra fazer uma boa viagem?

Saiba também que a renda passiva provou sua importância há 200 mil anos, quando o homem da caverna se feria na floresta para capturar pequenos animais, enquanto seu vizinho passava o dia deitado na sombra e colhia frutas dos pomares aos quais havia plantado mudas há anos na frente da gruta onde vivia. Ali

113

já valia o ditado: "quando a cabeça não pensa o corpo paga o pecado".

A lição é que, se você também nasceu em uma família humilde, estude, foque em um emprego, e saiba que este é apenas o começo. Depois, ganhe mais do que gasta, e tenha a certeza que gastar menos é tão ou mais importante do que ganhar muito. A partir daí, trace metas, escolha o melhor rendimento (taxa de juros ou retorno) no menor tempo possível entre o universo de opções existentes.

Como o homem da caverna, plante seu dinheiro para colher milhares de frutas dele amanhã. Para isso, pense no longo prazo, exclua de si mesmo as emoções negativas, ou melhor, as que você acredita que são positivas e não são. Lá na frente elas darão lugar há emoções que realmente podem ser vividas sem prejudicar seus próximos dias. Só assim os cordeiros podem se tornar leões.

Nesta fase, você terá inteligência financeira suficiente pra saber o que irá fazer com seu milhão de reais (ou com a quantia que você estipulou), terá aprendido que sonhos já conquistados sempre nos levam a outros sonhos ainda maiores e isso lhe trará uma grande dúvida: se é hora de contentar-se com suas conquistas, aproveitando-se delas até que chegue a morte, ou se ainda é hora de abrir mão de alguns luxos e construir novas riquezas, mas cuidado com a ambição.

O bom é que nesse caso, você terá a possibilidade de optar pelas duas opções; Matuto, por exemplo, calculou que irá morar numa casa de aluguel tão luxuosa quanto queria, bem como passará a aumentar sua renda em mais 6 mil reais com a diferença que recebia em investimentos da venda de sua casa própria.

Um fator crucial para viver de renda passiva, é fazer os cálculos da quantia que você deve separar para proteger seu capital investido da inflação.

Então vamos ver quais são os planejamentos de Matuto para essa fase (lembrando que são projeções, podendo variar para mais ou menos, dependendo do momento macroeconômico do país em suas diversas variáveis).

Um milhão e cem mil reais é o montante que ele tem à sua disposição, ou seja, valor que receberá da casa e do apartamento vendidos. Exatamente 1 milhão serão aplicados em renda fixa, o que dará cerca de 10 mil reais por mês, os outros 100 mil serão distribuídos na compra de boas ações e fundos imobiliários, que mediante uma análise bem estudada, poderão render até 30% ao ano, mas, caso não aconteça, o risco que Matuto corre de perder patrimônio é zero, já que na renda fixa tem a certeza de um ganho maior que 100 mil em um ano, fato que compensa as possíveis perdas da renda variável (perdas são remotas quando compra-se ações de boas empresas).

Desse milhão de reais aplicado em renda fixa, ganhando 10 mil ao mês, Matuto pretende resgatar 8 mil para suas despesas mensais (aluguel, supermercado, festas, viagens), portanto 800 mil precisam ser aplicados com uma liquidez imediata, como Tesouro Selic, ações pagadoras de dividendos mensais e FII's, por exemplo. (Não se deve investir mais de 250 mil um único investimento, pois o fundo garantidor de crédito só reembolsa o investidor até esse valor). Para quem já tem capital suficiente para viver de renda e irá fazer resgates de rendimentos mensais, é importante distribuir também o capital com partes em Títulos pré-fixados com pagamentos de juros semestrais e o restante em CDB's e LCI's com vencimentos mais próximos (1 ano, por exemplo), pois assim é possível programar valores para serem resgatados trimestralmente, semestralmente e anualmente. Nos meses que intercalam esses períodos (meses 1, 2, 4, 5, 7, 8, 10, 11) as despesas de Matuto poderão ser pagas com pequenos resgates dos rendimentos de títulos com liquidez imediata, como o Tesouro Selic e dividendos.

Ainda existe a opção de comprar títulos diferentes gradativamente em cada um dos meses do ano, de forma que no ano seguinte em cada mês haverá pagamento de juros em meses diferentes. Qualquer que seja a estratégia, não há como ficar um mês sem que haja dinheiro para viver, basta que o planejamento seja bem calculado.

Juntando esses 8 mil ao seu salário, caso resolva continuar no emprego, Matuto irá receber 16 mil todos os meses para gastar com sua qualidade de vida, do contrário, conseguirá viver tranquilamente com 8 mil reais mensais recebidos de suas aplicações.

Os outros 200 mil ele irá aplicar em LCI's ou CDB's e títulos públicos com vencimentos mais longos, buscando a melhor rentabilidade no momento, e usará os rendimentos desses 200 mil para que possa se proteger da inflação, reinvestindo-os de forma a acrescentá-los na quantia de 1 milhão de reais, para que nunca se deprecie com o tempo, já que pretende ter tal renda pelo resto da vida.

Os rendimentos adquiridos com os 100 mil, (restante do seu capital, que será aplicado em renda variável) Matuto irá utilizar para satisfazer seus sonhos, poder comprar carros, motos e outros luxos, na medida em que tais investimentos puderem pagar.

Já os rendimentos adquiridos com a renda do sítio, Matuto pretende poupá-los até que possa comprar novas propriedades e ir aumentando seus imóveis, de forma que tal dinheiro possa sustentar novos sonhos que venham a surgir. Assim poderá ter a vida que sempre sonhou, até morrer, com uma renda livre de 8 mil por mês (ou 16 mil se continuar trabalhando), corrigível ao longo do tempo, com outras fontes de renda para sempre poder acumular novos patrimônios ou obter novas conquistas.

Quando surgirem pequenas quantias extras, sejam de investimentos que renderam além do esperado, ou meses em que as despesas fecharam com saldo positivo, Matuto fará day trades, bem como algumas compras de veículos (que não sejam sucata) e imóveis em leilões online, não só para obter lucros com posteriores vendas, mas pelo fato de que o homem deve sentir-se produtivo. O importante é que se escolher sair daquele velho emprego cheio de dores de cabeça, tenha-se algum trabalho prazeroso de vez em quando para ocupar um pouco a mente.

Esse é o sonho do Matuto, mas e você, viver sem pressão financeira ou empregatícia, antes de esperar uma aposentadoria governamental ainda parece ser um sonho que você tem dúvida? Acha que se especializar em um bom ramo empregatício é suficiente para ter qualidade de vida? Nunca se esqueça de que grandes empregos exigem grandes responsabilidades e elas serão tão gigantescas que constantemente irão lhe trazer a vontade de ser independente.

Não bastando somente isso, lembre-se que ter um salário mediano capaz de apenas financiar bens que você almeja, sempre lhe trará uma bola de neve em dívidas, que uma hora ou outra não lhe permitirão ter dinheiro para mais nada. Seja qual for a quantia que você ganhe as suas despesas estarão sempre maiores se não houver uma mudança financeira drástica em suas atitudes.

Enfim, se você ainda não foi convencido me responda: Quem é mais rico; um médico que ganha 75 mil reais por mês, tem uma enorme casa financiada a juros de 11% a.a. durante 20 anos, possui 4 carros de luxo inteiramente financiados, os quais são trocados todo ano e também tem uma casa de praia que vale mais de um milhão, mas 900 mil ainda pertencem ao banco, sendo que suas despesas mensais chegam a 72 mil reais; ou será mais rico um motorista com 40 anos, que só trabalhou até os 38, acumulou 10 imóveis comerciais em sua cidade, recebendo 2.500 reais de cada um deles todo mês, com sua casa de porte mediano totalmente quitada, seu carro novo de passeio e mais 600 mil reais aplicados em novos investimentos, com todo tempo do mundo para ir à praia sem ter que se preocupar com ofícios de sua profissão?

Lembrando que, o objetivo deste livro foi demonstrar que você pode determinar com quanto quer se aposentar, quanto deve poupar para isso, durante quanto tempo e qual o valor mensal será necessário. Quanto mais cedo começar a poupar melhor, o ideal é ter tempo para acumular o montante desejado apenas poupando em investimentos de renda fixa, assim fica mais seguro o seu plano, não precisando arriscar com imóveis, negociações e rendas variáveis. Faça seus cálculos e comece já.

Está desanimado de percorrer todo esse caminho percorrido por nosso personagem real?

E se eu te disser que toda essa trajetória do Matuto ainda se encontra nos seus 29 anos e ele está no capítulo 8 do livro? Espera, então ele não se aposentou? Os investimentos não podem levar à aposentadoria em 8 anos? Calma, não é isso, o fato é que só tem 2 dois anos que ele desenvolveu essa estratégia. E quer ficar ainda mais animado? Ainda faltam seis anos para Matuto concluir sua meta e seus resultados foram muito acima do planejado nesses dois anos. De um patrimônio na casa dos 100 mil reais ele passou para a casa dos 400 mil reais nesse curto período. Matuto já quitou todos os seus financiamentos e os rendimentos de suas aplicações estão totalmente dentro do esperado. Matuto sabe todos os passos que deverá seguir nos próximos 6 anos para se tornar rico e a melhoria de sua vida financeira nos últimos dois anos têm sido a prova viva de que essa estratégia é aplicável a qualquer pessoa. Será que com essa notícia você será capaz de embarcar com ele nessa jornada e ver quem atinge a tão sonhada independência financeira primeiro?

Para ter resultados acima do esperado nos primeiros anos de investimento (quando os juros compostos não fazem tanto efeito) saiba que o foco no seu trabalho pode ser o diferencial. Procure aperfeiçoar sempre o serviço prestado por você e o dinheiro será consequência, assim receba mais e aplique mais. Matuto teve ganhos acima do esperado nesses dois anos, pois além poupar e investir, qualificou-se em algumas áreas de seu emprego, passou a dar aulas remuneradas, se tornou palestrante em diversas empresas que notavam que funcionários descontrolados financeiramente geravam problemas ao trabalho. Se tudo continuar assim bem antes dos 6 anos restantes Matuto terá 1 milhão, já que vem engordando mês a mês as quantias que investe, inclusive com a renda gerada por esse livro.

Muitos não vão acreditar, mas Matuto é o autor deste livro, não escreveu em primeira pessoa pois soa estranho a pessoa contar histórias de suas conquistas. Para um homem humilde, não é algo muito agradável ficar contando vantagens, apesar de que na sua história, tiveram muitas desvantagens, tombos e prejuízos.

Este livro não é apenas uma forma de ajudar outras pessoas a se tornarem independentes financeiramente, mas sim uma forma de manter o foco do próprio autor, que além de documentar seus erros passados e suas estratégias presentes e futuras para poder segui-las, está obtendo lucros com a venda da obra, de modo a ajudar o leitor a receber o conhecimento financeiro em troca.

Confesse que antes mesmo de ler o último capítulo e descobrir como viver bem com um milhão de reais, já foi um grande investimento comprar este livro, já que daqui em diante, no primeiro mês, você terá condições de ter ganhos muito além do valor pago por este exemplar. Para aqueles que se concentraram na leitura, será fácil perceber que esta obra é um modo usado por Matuto para produzir mais uma renda passiva.

Quando o indivíduo se aprimora no ramo financeiro, a tendência é que os bons resultados façam com que o cérebro se exercite cada vez mais, possibilitando o surgimento de ideias e oportunidades de aumento de renda que uma pessoa sem educação financeira jamais pensaria, já que o fato de consumir os ganhos produzidos mensalmente é muito mais prazeroso, pois o curto prazo é sempre menos sofrido.

Assim, para os iniciantes a regra básica é não esquecer que apenas em longo prazo o fato de investir se tornará prazeroso e daí em diante novos pensamentos inteligentes surgirão para fazer "brotar" dinheiro de onde ninguém mais enxerga.

Acredite, há muito dinheiro em mãos alheias mundo afora, cabe a você descobrir como fazer boa parte dele vir até você, e nem sempre trabalhar é a melhor opção, já que você é apenas um, lutando contra o pouco tempo e o grande cansaço.

É por isso que você deve estar atento ao mercado, de forma que possa aproveitar as boas oportunidades que venham a aparecer, foi assim que Matuto viu este livro, como mais um meio de gerar renda durante o tempo predeterminado para atingir o primeiro milhão de reais, e não apenas como uma maneira de documentar os passos que precisava seguir.

Mas para resumir, gostaria de agradecer por ter adquirido este livro e chegado até aqui. Tenho certeza que deve estar agradecendo o Matuto também, por esse conhecimento valioso que não se adquire lendo besteiras por aí.

Matuto acredita que continuará trabalhando (se não tiver sua carreira e principalmente sua vida particular prejudicada por problemas inerentes ao seu serviço), pelo menos enquanto souber que a previdência governamental no seu setor de atuação não terá mudanças, pois poderá se aposentar com o salário do governo em alguns anos após a data X que estipulou. Porém não tem garantia alguma que as regras da previdência pública permanecerão intactas. Ainda deixando o emprego, terá condições de viver de suas rendas passivas sem trabalhar, bastando adaptar suas despesas para viver com 8 mil de renda, ao invés de 16 mil, que seriam desnecessários. O certo é que a medida que o tempo nos amadurece, nossos pensamentos passam a enxergar nas oportunidades de cada momento, qual é a melhor decisão a tomar.

Seja qual for seu caso prático, tenha a certeza de que as informações que você obteve nesta leitura, podem adaptar-se à sua situação. Ainda que sua renda atual seja 1 salário mínimo ou menos, você pode almejar sua independência do emprego, basta lembrar que quanto mais próximo for o ano escolhido para viver de renda passiva, mais sacrificante deve ser sua rotina poupadora e talvez terá que envolver riscos maiores. Algumas corretoras possuem um simulador para você calcular quanto precisa para aposentar com o valor mensal que deseja. Descubra qual o tempo e valor mensal é necessário que você aplique. Mil reais investidos mensalmente no tesouro Selic por 360 meses renderiam 3.631.781 reais ao fim do período (dependendo da taxa praticada no período da simulação).

Esses mesmos 3 milhões, podem lhe fornecer uma renda mensal de mais de 30 mil reais por mês, resgatando apenas os juros de tais aplicações. Se você entender isso, estipular o quanto quer ganhar e quanto precisa juntar, poderá adaptar tal cálculo ao seu objetivo e essa leitura terá mudado sua vida.

Em último caso, se você não tem mais esperanças de um dia poder ter qualidade de vida no Brasil, mesmo aplicando todas as técnicas para viver de seus próprios investimentos, tenha um plano B em mente, mudar de país é outra estratégia que Matuto nunca descartou devido a atual conjuntura em que nossa economia e política se encontram, afinal ainda está no meio de sua estratégia para acumular 1 milhão de reais (Capítulo 9).

Esse plano B seria assunto para um novo livro, tendo em vista que é necessário bastante estudo para fazer a escolha certa de um país que lhe dê boas condições de vida, dentro da legalidade, e dos menores custos possíveis. Portugal, por exemplo, aceita estrangeiros que tenham pelo menos 500 mil euros para comprar um imóvel, enquanto 275 mil euros já são suficientes se você pretende viver em Malta. Na Áustria existem 10 tipos de permissão de residência que nem mesmo exigem investimento. Que Deus esteja com todos nós e nos mostre o melhor caminho.

Mas faça sua parte, seja qual for seu plano e suas condições financeiras atuais, tenha em mente uma estratégia para seguir, só não deixe a vida passar. Você é quem pode cuidar melhor do seu dinheiro, assim dizia o investidor Rafael Seabra.

Não deixe que os bancos lhe enganem com publicidades referentes a previdências privadas. A verdade é que as altas taxas de administração, aliadas aos empréstimos de seus pagamentos a outros clientes, só deixarão os bancos no lucro, já que ao final você receberá juros muito menores do que os embolsados pelos bancos ao emprestarem seu dinheiro a terceiros.

Não queira esperar o INSS lhe trazer felicidade, pois nem ao fim da vida o governo lhe dará uma quantia que você mereça, não será nem um pouco proporcional a tudo que recolheram do seu bolso ao longo dos anos.

Agora você já sabe os caminhos, escolha o seu, siga os passos com disciplina, vá... e vença!

O livro lhe ajudou? Contribua com o autor fazendo a avaliação do livro no site Clube de Autores.

Fale com o autor, acesse o blog previdenciapropria.blogspot.com.br e deixe seu comentário, dúvida ou sugestão. Compartilhando conhecimentos podemos acelerar o processo de acumulação do capital necessário à independência financeira.

Acompanhe e inscreva-se também no canal do autor, Fabricio Bruno, no You Tube, pelo link https://www.youtube.com/watch?v=HAFSJY9g2Nw , onde são postados vídeos referentes às atitudes para atingir a aposentadoria por conta própria.

Referências bibliográficas

Eker, T. Harv.Os segredos da mente milionária [livro eletrônico] /T. Harv Eker [tradução de Pedro Jorgensen Junior];Rio de Janeiro: Sextante, 2010.

Ferriss, Timothy. Trabalhe 4 horas por semana / Timothy Ferriss; tradução Rafael Leal.- São Paulo : Editora Planeta do Brasil, 2008.

http://blog.guiainvest.com.br/acoes/renda-passiva-voce-precisa-saber/

http://www.clubefii.com.br/

https://www.easynvest.com.br/simulador-investimentos

http://www.guiainvest.com.br/lp/fs-checklist-automatico-para-avaliacao-de-acoes/

K68p Kiyosaki, Robert T., 1947- Pai rico, pai pobre [recurso eletrônico] / Robert T. Kiyosaki e Sharon L. Lechter; tradução Maria Monteiro. – Rio de Janeiro: Elsevier, 2011.

Seabra, Rafael. Quero ficar rico : tudo o que você precisa saber sobre dinheiro em 60 minutos / Rafael Seabra. – São Paulo : Editora Gente, 2016.

www.ingramcontent.com/pod-product-compliance
Lightning Source LLC
Chambersburg PA
CBHW051216170526
45166CB00005B/1928